全本全注全译丛书

中华经典名著

檀作文◎译注

# 声律启蒙 下

中华书局

# 卷下

下平声十五部

# 下平一先

## 【题解】

本篇共三段，皆为韵文。每段韵文，由若干句对仗的联语组成。每句皆押"平水韵"下平声"一先"韵。

本篇每句句末的韵脚字，"天""川""田""弦""钱""莲""圆""烟""先""妍""渊""编""肩""眠""船""乾""年""毡""泉""娟"等，在传统诗韵（"平水韵"）里，都归属于下平声"一先"这个韵部。这些字，在普通话里，韵母都含"an"，韵头有的是"i"，有的是"u"，有的是"ü"；声调有读第一声的，有读第二声的。

需要注意的是：普通话"an"韵母的字，并不都属于"平水韵"下平声"一先"韵，也有可能属于上平声"十三元"韵、"十四寒"韵、"十五删"韵，或下平声"十三覃"韵、"十四盐"韵、"十五咸"韵。尤需注意的是：下平声"一先"韵的字，和上平声"十三元"韵（一部分）、"十四寒"韵、"十五删"韵是邻韵，填词时可以通押，写近体诗时不可通押。但和下平声"十三覃"韵、"十四盐"韵、"十五咸"韵不是邻韵，不仅写近体诗时不可通押,填词时亦不可以通押。这是因为,"十三覃"韵、"十四盐"韵、"十五咸"韵,属于闭口韵,即它的韵母实际上是收 [m] 尾,而非 [n] 尾。在中古音系统里,它们的韵尾不同。

# （一）

晴对雨,地对天。

天地对山川。

山川对草木,赤壁对青田①。

郏鄏鼎②,武城弦③。

木笔对苔钱④。

金城三月柳⑤,玉井九秋莲⑥。

何处春朝风景好,谁家秋夜月华圆⑦。

珠缀花梢,千点蔷薇香露⑧;练横树杪⑨,几丝杨柳残烟。

## 【注释】

①赤壁:长江边上山名,著名的古战场。指汉献帝建安十三年（208）孙权与刘备联军大破曹操军队处。一说在今湖北武昌西赤矶山。一说在湖北蒲圻西之赤壁山。一说在湖北黄冈赤鼻矶。青田:山名。在浙江青田西北境。山有泉石之胜,道教称"三十六洞天"之一。素以产青田石、青田鹤闻名。

②郏鄏(jiá rǔ)鼎:即定鼎于郏鄏,在郏鄏建都的意思。典出《左传·宣公三年》:"成王定鼎于郏鄏。"郏鄏,见前注。

③武城弦(xián):孔子弟子子游在武城做官时候,曾经以弦歌教化民众。典出《论语·阳货》:"子之武城,闻弦歌之声。夫子莞尔而笑,曰:'割鸡焉用牛刀?'子游对曰:'昔者偃也闻诸夫子曰:"君子学道则爱人,小人学道则易使也。"'子曰:'二三子! 偃之言是也。

前言戏之耳。'"武城,春秋时鲁国城邑名,地在今山东费县西南。

④木笔:树名。即辛夷。其花未开时,苞有毛,尖长如笔,因以名之。唐白居易《营闲事》:"暖变墙衣色,晴催木笔花。"苔(tái)钱:指苔藓。苔点形圆如钱,故曰"苔钱"。古诗文习用语。南朝梁刘孝威《怨诗》:"丹庭斜草径,素壁点苔钱。"

⑤金城柳:典出《晋书·桓温传》:"温自江陵北伐,行经金城,见少为琅邪时所种柳皆已十围,慨然曰:'木犹如此,人何以堪!'攀枝执条,泫然流涕。"后遂用以为世事兴废之典。金城,地名。东晋时属丹阳郡江乘县(故址在今江苏南京栖霞区一带)。

⑥玉井莲:古代传说中华山峰顶玉井所产之莲。唐韩愈《古意》:"太华峰头玉井莲,开花十丈藕如船。"钱仲联集释引宋韩醇曰:"《华山记》云:'山顶有池,生千叶莲花,服之羽化,因曰华山。'"又引清方世举注:"古乐府《捉搦歌》:'华阴山头百丈井,下有泉水彻骨冷。'"玉井,指太华山上的玉井。一说,指华山西峰之下的深潭。九秋:指秋天。

⑦月华:月光,月色。亦指月亮。北周庾信《舟中望月》:"舟子夜离家,开舲望月华。"

⑧蔷薇(qiáng wēi):落叶或常绿灌木,蔓生,枝上有小刺,羽状复叶,花有多种颜色。

⑨练:白绢,亦泛指丝织品。杪(miǎo):树枝的细梢。

## 【译文】

天晴对下雨,大地对苍天。

天地对山川。

山川对草木,赤壁山对青田山。

成王在郏鄏定鼎,子游在武城弦歌。

辛夷对苔藓。

金城路边三月的柳树,华山玉井秋天的莲花。

春天的早晨哪里风景最好？秋天的夜晚何处月亮最圆？

蔷薇花上有很多露水，好像珍珠缀在花枝；柳树上笼着淡淡的烟雾，好像白色的缎带横挂树梢。

# （二）

前对后，后对先。

众丑对孤妍①。

莺簧对蝶板②，虎穴对龙渊③。

击石磬④，观韦编⑤。

鼠目对鸢肩⑥。

春园花柳地，秋沼芰荷天⑦。

白羽频挥闲客坐⑧，乌纱半坠醉翁眠⑨。

野店几家⑩，羊角风摇沽酒旆⑪；长川一带⑫，鸭头波泛卖鱼船⑬。

## 【注释】

①孤妍（yán）：独秀的花。亦借指俊才。宋陈与义《清平乐·木犀》："楚人未识孤妍。《离骚》遗恨千年。"妍，美丽，美好。

②莺簧（huáng）：形容莺的叫声婉转，像笙簧一类的乐器所发出的声音。古诗文习用语。唐温庭筠《舞衣曲》："蝉衫麟带压愁香，偷得莺簧锁金缕。"蝶板：蝴蝶飞的时候两个翅膀扇动像在拍板一样。明清以来古诗文习用语。明郭棐《游西樵山》其三："红树枝头双蝶板，绿萝阴下一渔矶。"

③虎穴：虎所居之洞穴。比喻极危险的地方。典出《后汉书·班超传》："超曰：'不入虎穴，不得虎子。'"龙渊（yuān）：龙潜伏的深渊，古人以为深渊中藏有蛟龙，故称。《尸子》："清水有黄金，龙渊有玉英。"

④击石磬（qìng）：典出《论语·宪问》："子击磬于卫，有荷蒉而过孔氏之门者，曰：'有心哉，击磬乎！'既而曰：'鄙哉，硁硁乎，莫已知也，斯己而已矣。深则厉，浅则揭。'"孔子曾经在卫国击磬，被一个隐者听出了心思。磬，古代打击乐器。状如曲尺。用玉、石或金属制成。悬挂于架上，击之而鸣。

⑤观韦编：典出《史记·孔子世家》："孔子晚而喜《易》，序《彖》《系》《象》《说卦》《文言》。读《易》，韦编三绝。曰：'假我数年，若是，我于《易》则彬彬矣。'"古代用竹简书写，用皮绳编缀称"韦编"。后泛指古籍。相传孔子读《易》，由于翻阅过多，致使串连竹简的皮绳多次断裂。成语"韦编三绝"，形容读书刻苦。

⑥鼠目：形容人的眼睛小而突出。旧时相士认为这是贫贱之相。金元好问《送奉先从军》："潦倒书生百战场，功名都属绣衣郎。虎头食肉无不可，鼠目求官空自忙。"鸢（yuān）肩：双肩上耸，像鹰鸱一样。《国语·晋语八》："叔鱼生，其母视之，曰：'是虎目而豕喙，鸢肩而牛腹。'"三国吴韦昭注："鸢肩，肩井斗出。"成语"鸢肩火色"，谓两肩上耸像鹰鸱，面有红光。旧时相术认为这是飞黄腾达的征兆。《新唐书·马周传》："岑文本谓所亲曰：'马君论事，会文切理，无一言可损益，听之缅缅，令人忘倦。苏、张、终、贾正应此耳。然鸢肩火色，腾上必速，恐不能久。'"

⑦芰（jì）荷：见前注。

⑧白羽：指羽扇，为文人雅士所喜爱。《艺文类聚·服饰部上·扇》引晋陆机《羽扇赋》曰："昔楚襄王会于章台之上，山西与河右诸侯在焉，大夫宋玉、唐勒侍，皆操白鹤之羽以为扇。"陆赋云宋玉、唐勒操白鹤之羽以为扇，自是假托。魏晋以下，以白羽扇为儒将标配，则是惯例。《太平御览》引晋裴启《语林》："诸葛武侯与宣王（司马懿）在渭滨将战，武侯乘素舆，葛巾，白羽扇，指挥三军，三军皆随其进止。"《晋书·陈敏传》："敏率万余人将与卓（甘卓）

战,未获济,荣(顾荣)以白羽扇麾之,敏众溃散。"南朝梁简文帝《赋得白羽扇诗》:"可怜白羽扇,却暑复来氛。终无顾庶子(顾荣),谁为一挥军。"又称"白旄",本指古代军中主帅所执的指挥旗,亦泛指军旗。《吕氏春秋·不苟》:"武王左释白羽,右释黄钺,勉而自为系。"《尚书·牧誓》作"白旄"。《孔子家语·致思》:"子路进曰:'由愿得白羽若月,赤羽若日,钟鼓之音上震于天,旃旗缤纷下蟠于地。由当一队而敌之,必也攘地千里,搴旗执馘。'"魏晋以下,因诸葛亮、顾荣事,"白羽"遂进化为"白羽扇",为儒将标配;又因陆机《羽扇赋》附会,乃成文人雅士标配。闲客:清闲的人。古诗文习用语。宋陆游《白塔院时小雨初霁》:"溪山属闲客,随意倚枯藤。"

⑨乌纱:黑色的纱帽,古代官员所戴。东晋成帝时宫官着乌纱帢。南朝宋始有乌纱帽,直至隋代均为官服。唐初曾贵贱均用,以后各代仍多为官服。五代马缟《中华古今注·乌纱帽》:"武德九年十一月,太宗诏曰:'自今已后,天子服乌纱帽,百官士庶皆同服之。'"《宋书·五行志一》:"明帝初,司徒建安王休仁……制乌纱帽,反抽帽裙,民间谓之'司徒状',京邑翕然相尚。"醉翁:嗜酒的老人。唐郑谷《倦客》:"闲烹芦笋炊菰米,会向源乡作醉翁。"又为宋人欧阳修的别号。宋欧阳修《醉翁亭记》:"太守与客来饮于此,饮少辄醉,而年又最高,故自号曰醉翁也。"此句合用山简、孟嘉、欧阳修等人的典故,说官员休闲时饮酒而醉,任官帽滑落而不知,喻清闲自得。《世说新语》载西晋征南将军山简镇守襄阳时,经常喝醉酒,倒戴帽子。孟嘉为征西大将军桓温参军,曾与桓温九日龙山之会,风吹帽落,举止自若。人遂以"落帽"喻潇洒倜傥。

⑩野店:指乡村酒店。

⑪羊角:旋风。典出《庄子·逍遥游》:"抟扶摇羊角而上者九万

里。"唐成玄英疏:"旋风曲戾,犹如羊角。"酒斾(pèi):古代挂在酒店门口用来招揽顾客的旗子。

⑫长(cháng)川:长长的河流。古诗文习用语。三国魏曹植《洛神赋》:"浮长川而忘反,思绵绵而增慕。"一带:一条带子。常用以形容东西或景物看上去像一条带子。唐冷朝阳《登灵善寺塔》:"华岳三峰小,黄河一带长。"

⑬鸭头:鸭头色绿,故用以形容水色。古诗文习用语。唐李贺《同沈驸马赋得御沟水》:"绕堤龙骨冷,拂岸鸭头香。"宋苏轼《送别》:"鸭头春水浓如染,水面桃花弄春脸。"

**【译文】**

前对后,落后对领先。

很多丑陋的东西对独自美丽的事物。

黄莺鸣叫时像笙簧发出的声音对蝴蝶飞舞时翅膀扇动像在拍板,老虎住的山洞对巨龙所处的水潭。

敲击状如曲尺的石磬,翻看皮绳串起的竹简。

命贱之人长着老鼠一样的眼对命贵之人有着苍鹰一样的肩。

春天的庭园是鲜花和柳树生长的地方,秋天是池塘中的莲藕与菱角成熟的时候。

悠闲自在的人坐在那里,不时挥动白色的羽扇;喝醉酒的人睡着时,黑色的纱帽摇摇欲坠。

野外有几家酒店,羊角风吹动门口的酒旗;一条大河缓缓流动,卖鱼的小船荡起细小的波纹。

## （三）

离对坎①,震对乾②。

一日对千年。

尧天对舜日③,蜀水对秦川④。

苏武节⑤,郑虔毡⑥。

涧壑对林泉。

挥戈能退日⑦,持管莫窥天⑧。

寒食芳辰花烂漫⑨,中秋佳节月婵娟⑩。

梦里荣华,飘忽枕中之客⑪;壶中日月,安闲市上之仙⑫。

## 【注释】

①离:《周易》卦名。八卦之一。代表火,为南方之卦。又为六十四卦之一,离下离上。坎:《周易》卦名。八卦之一。坎象征险难,代表水,为北方之卦。又为六十四卦之一,坎下坎上。

②震:《周易》卦名。八卦之一。象征雷震,为东方之卦。又为六十四卦之一,震下震上。乾(qián):《周易》卦名。八卦之一。代表天。又为六十四卦之一,乾下乾上。

③尧(yáo)天、舜(shùn)日:指生活在尧舜时代,是称颂帝王盛德和太平盛世语。宋叶适《代薛瑞明上遗表》:"岩栖穴处,未尝不戴于尧天;气尽形销,无复再瞻于舜日。"

④蜀(shǔ)水:蜀地的水。蜀,四川省简称蜀,为先秦时期古蜀国所在地。秦川:秦地的河。秦,陕西省简称秦,为先秦时期古秦国所在地。"秦川"作为一个专有名词,是古地区名。泛指今陕西、甘肃的秦岭以北平原地带。此处,秦川与蜀水相对,是偏正词组,不是专有名词。

⑤苏武节:苏武出使匈奴时所持的节杖,他被匈奴扣留十九年,曾经持节牧羊,一直不肯投降。后以"苏武节"用作忠臣的典故。苏武,见前注。

⑥郑虔(qián)毡(zhān):见前注("寒毡")。

⑦挥戈退日:语本《淮南子·览冥训》:"鲁阳公与韩构难,战酣,日

暮，援戈而挥之，日为之反三舍。"后多用为力挽危局之典。

⑧持管窥（kuī）天：从竹管里看天空，比喻目光狭隘。典出《庄子·秋水》："子乃规规然而求之以察，索之以辩，是直用管窥天，用锥指地也，不亦小乎！"

⑨寒食：传统节日名。相传春秋时晋文公负其功臣介之推。介之推愤而隐于绵山。晋文公烧山逼令出仕，介之推抱树焚死。人民同情介之推的遭遇，相约于其忌日禁火冷食，以为悼念。以后相沿成俗，谓之寒食。《荆楚岁时记》载："去冬节一百五日即有疾风甚雨，谓之寒食，禁火三日。"即从上一年的冬至往后推一百零五日就是寒食节，一般在清明的前一天，大约是公历每年4月5日前后。芳辰：美好的时光。多指春季。古诗文习用语。南朝梁沈约《反舌赋》："对芳辰于此月，属今余之遵暮。"唐陈子昂《三月三日宴王明府山亭》："暮春嘉月，上巳芳辰。"烂漫：形容花朵鲜明灿烂的样子。宋叶适《祭林叔和文》："春笋秋花，烂熳窗几。"

⑩婵娟（chán juān）：姿态美好的样子。可用以形容美女，亦可用以形容月色。宋张孝祥《虞美人》："满庭芳草月婵娟。""烂漫"对"婵娟"，是联绵字对联绵字。

⑪"梦里荣华"二句：传说卢生曾在邯郸客店中遇见仙翁吕道人，卢生感叹穷困，吕翁给了他一个枕头让他枕着入睡，卢生在梦里享尽富贵荣华，醒来后才知道是一场梦，而他睡觉前店主人煮的黄粱饭此时还没有熟。这就是"黄粱一梦"的故事，后来人们用"黄粱一梦"比喻富贵终归虚空。事见唐沈既济《枕中记》。飘忽，指变化莫测。宋范成大《王希武通判挽词》之二："遽为重壤去，凄断十年邻。物理真飘忽，家声正隐辚。"枕中之客，枕着枕头睡觉的人，指卢生。

⑫"壶中日月"二句：东汉费长房曾经遇到一个老人在集市上卖药，

卖完之后，自己就跳入壶中，费长房于是请求和他一起进入壶中。进去之后才发现壶中玉堂华丽完全是另外一个世界。后以"壶中日月"指神仙日子。事见《后汉书·方术列传下》："费长房者，汝南人也。曾为市掾。市中有老翁卖药，悬一壶于肆头，及市罢，辄跳入壶中。市人莫之见，唯长房于楼上睹之，异焉，因往再拜奉酒脯。翁知长房之意其神也，谓之曰：'子明日可更来。'长房旦日复诣翁，翁乃与俱入壶中。唯见玉堂严丽，旨酒甘肴，盈衍其中，共饮毕而出。翁约不听与人言之。后乃就楼上候长房曰：'我神仙之人，以过见责，今事毕当去，子宁能相随乎？楼下有少酒，与卿为别。'长房使人取之，不能胜，又令十人扛之，犹不举。翁闻，笑而下楼，以一指提之而上。视器如一升许，而二人饮之终日不尽。"

## 【译文】

离卦对坎卦，震卦对乾卦。

一天对千年。

尧的时代对舜的时代，四川的江对陕西的河。

苏武的节杖，郑虔的毡毯。

山中的沟涧对树林中的泉眼。

挥动长戈能使太阳后退，透过竹管没法看全天空。

寒食节的时候花开得鲜艳繁盛，中秋节的时候月亮皎洁美丽。

卢生枕着仙枕，在梦中得到虚无缥缈的荣华富贵；集市上卖药的神仙，壶中另有一个安闲自在的世界。

# 下平二萧

## 【题解】

本篇共三段，皆为韵文。每段韵文，由若干句对仗的联语组成。每句皆押"平水韵"下平声"二萧"韵。

本篇每句句末的韵脚字,"骄""遥""谣""雕""消""朝""潇""桥""昭""韶""瑶""腰""瓢""箫""娇""摇""晁""宵""苗""髫""鸮"等,在传统诗韵("平水韵")里,都归属于下平声"二萧"这个韵部。这些字,在普通话里,韵母都含"ɑo",有的带韵头"i",有的没有韵头;声调有读第一声的,有读第二声的。

需要注意的是:普通话"ɑo"韵母的字,并不都属于"平水韵"下平声"二萧"韵,也有可能属于下平声"三肴"韵、"四豪"韵。它们在普通话系统里,韵母虽然没有区别,但在"平水韵"系统里,却是三个不同的韵部,只能算邻韵,填词时可以通押,写近体诗时不可通押。

# (一)

恭对慢①,吝对骄②。

水远对山遥。

松轩对竹槛③,雪赋对风谣④。

乘五马⑤,贯双雕⑥。

烛灭对香消⑦。

明蟾常彻夜⑧,骤雨不终朝⑨。

楼阁天凉风飒飒⑩,关河地隔雨潇潇⑪。

几点鹭鸶⑫,日暮常飞红蓼岸⑬;一双鸂鶒⑭,春朝频泛绿杨桥⑮。

【注释】

①慢:轻慢,因轻视而怠慢对方。

②吝(lìn):吝啬,不以己才示人。骄:骄傲,恃才凌人。《论语·泰伯》:"子曰:'如有周公之才之美,使骄且吝,其余不足观也已。'"

③松轩(xuān):植有松树的住所。古诗文习用语。南朝齐萧子良

《游后园》："萝径转连绵，松轩方杳蔼。"唐温庭筠《题陈处士幽居》："松轩尘外客，高枕自萧疏。"轩，有窗的长廊或小屋。竹槛（jiàn）：竹栏杆。宋周邦彦《拜星月慢·秋思》："夜色催更，清尘收露，小曲幽坊月暗。竹槛灯窗，识秋娘庭院。"槛，栏杆。

④雪赋（fù）：南朝宋谢惠连写过《雪赋》。风谣（yáo）：咏风的歌谣。《晋书·慕容德载记》："时魏师入中山，慕容宝出奔于蓟，慕容详又僭号。会刘藻自姚兴而至，兴太史令高鲁遣其甥王景晖随藻送玉玺一纽，并图谶秘文，曰：'有德者昌，无德者亡。德受天命，柔而复刚。'又有谣曰：'大风蓬勃扬尘埃，八井三刀卒起来。四海鼎沸中山颓，惟有德人据三台。'于是德之群臣议以慕容详僭号中山，魏师盛于冀州，未审宝之存亡，因劝德即尊号。德不从。"慕容德是南燕开国皇帝，乃前燕文明帝慕容皝幼子、后燕成武帝慕容垂之弟。慕容垂卒，其子慕容宝嗣位，以慕容德为都督冀、兖六州诸军事。镇邺。隆安元年（397），北魏军队攻入中山，后燕皇帝慕容宝出奔到蓟，慕容详自立为帝。当时有民谣唱："大风蓬勃扬尘埃，八井三刀卒起来。四海鼎沸中山颓，惟有德人据三台。"手下人劝慕容德自立为帝，而慕容德不肯。

⑤五马：汉制，秩中二千石以上，驷马之外，配右骖。后来用五马指代太守。汉乐府《陌上桑》："使君从南来，五马立踟蹰。"

⑥贯双雕：指一箭能射穿两只雕，形容箭术极其高明。贯，贯穿，射穿。雕，一种性凶猛的大鸟。《北史·长孙晟传》："尝有二雕飞而争肉，（摄图）因以箭两只与晟，请射取之。晟驰往，遇雕相攫，遂一发双贯焉。"又《新唐书·高骈传》："事朱叔明为司马，有二雕并飞，骈曰：'我且贵，当中之。'一发贯二雕焉。众大惊，号'落雕侍御'。"后因以"一箭双雕"形容射艺高明，亦用以比喻一举两得。

⑦烛灭：典出《史记·滑稽列传·淳于髡》："威王大说，置酒后宫，召髡赐之酒。问曰：'先生能饮几何而醉？'对曰：'臣饮一斗亦

醉,一石亦醉。'威王曰:'先生饮一斗而醉,恶能饮一石哉!其说可得闻乎?'髡曰:'赐酒大王之前,执法在傍,御史在后,髡恐惧俯伏而饮,不过一斗径醉矣。若亲有严客,髡帣韝鞠脆,侍酒于前,时赐余沥,奉觞上寿,数起,饮不过二斗径醉矣。若朋友交游,久不相见,卒然相睹,欢然道故,私情相语,饮可五六斗径醉矣。若乃州闾之会,男女杂坐,行酒稽留,六博投壶,相引为曹,握手无罚,目眙不禁,前有堕珥,后有遗簪,髡窃乐此,饮可八斗而醉二参。日暮酒阑,合尊促坐,男女同席,履舄交错,杯盘狼藉,堂上烛灭,主人留髡而送客,罗襦襟解,微闻芗泽,当此之时,髡心最欢,能饮一石。"另,"烛灭"后世亦喻死亡。唐李绅《真娘墓》:"愁态自随风烛灭,爱心难逐雨花轻。"唐崔珏《哭李商隐》其一:"风雨已吹灯烛灭,姓名长在齿牙寒。"香消:喻美人的消瘦、萎靡。宋张先《汉宫春》:"玉减香销,被婵娟误我,临镜妆慵。"古演义小说,多以"香消玉殒"比喻年轻美貌女子死亡。《封神演义》第三十回:"香消玉碎佳人绝,粉骨残躯血染衣。"亦作"香消玉损"。

⑧明蟾(chán):古代神话称月中有蟾蜍,后因以"明蟾"为月亮的代称。明刘基《次韵和十六夜月再次韵》:"永夜凉风吹碧落,深秋白露洗明蟾。"唐舒元舆《坊州按狱苏氏庄记室二贤自鄜州走马相访》:"阳乌忽西倾,明蟾挂高枝。"彻夜:通宵,整夜。唐元稹《独夜伤怀赠呈张侍御》:"寡鹤连天叫,寒雏彻夜惊。"

⑨骤(zhòu)雨:暴雨。终朝(zhāo):一整天。本句用《老子·二十三章》"飘风不终朝,骤雨不终日"语典。

⑩飒飒(sà):象声词,形容风吹动树叶的声音。《楚辞·九歌·山鬼》:"风飒飒兮木萧萧,思公子兮徒离忧。"

⑪关河:指函谷等关与黄河。《史记·苏秦列传》:"秦四塞之国,被山带渭,东有关河,西有汉中。"唐张守节正义:"东有黄河,有函谷、蒲津、龙门、合河等关。"亦泛指关山河川。《后汉书·荀彧

传》："此实天下之要地，而将军之关河也。"潇潇（xiāo）：风雨急骤的样子。

⑫鹭鸶（lù sī）：白鹭。

⑬红蓼（liǎo）岸：开满红色蓼花的水岸。古诗文习用语。唐齐己《鹭鸶二首》其二："忽从红蓼岸，飞出白鸥群。"

⑭鸂鶒（xī chì）：一种水鸟，形状像鸳鸯而稍大，毛多紫色，又称"紫鸳鸯"。唐温庭筠《开成五年秋以抱疾郊野一百韵》："溪渚藏鸂鶒，幽屏卧鹧鸪。"清顾嗣立补注："《临海异物志》：'鸂鶒，水鸟，毛有五采色，食短狐，其在溪中无毒气'。"

⑮绿杨桥：古诗文习用语。宋王安石《送真州吴处厚使君》："江上斋船驻彩桡，鸣笳应满绿杨桥。"

**【译文】**

恭敬对轻慢，吝啬对放纵。

水很远和山很远相对。

窗外有松树的小屋对竹子做的栏杆，写雪的辞赋对咏风的歌谣。

太守乘坐着五匹马拉的车，英雄一箭能射穿两只大雕。

蜡烛灭对香消减。

明月能照耀整个晚上，暴雨下不了一整天。

天凉的时候，楼阁上有冷风吹过；遥远的边关，下着绵绵细雨。

傍晚的时候，常见几只鹭鸶在开着红蓼花的河岸飞翔；春天的早晨，一对紫鸳鸯经常在种着绿杨树的桥下游水。

# （二）

开对落，暗对昭①。

赵瑟对虞《韶》②。

䡨车对驿骑③，锦绣对琼瑶④。

羞攘臂⑤,懒折腰⑥。

范甑对颜瓢⑦。

寒天鸳帐酒⑧,夜月凤台箫⑨。

舞女腰肢杨柳软⑩,佳人颜貌海棠娇⑪。

豪客寻春⑫,南陌草青香阵阵⑬;闲人避暑,东堂蕉绿影摇摇⑭。

**【注释】**

① 昭（zhāo）：光明，明亮。

② 赵瑟（sè）：《史记·廉颇蔺相如列传》记载战国时期秦王和赵王在渑池相会,秦王曾令赵王鼓瑟。《汉书·杨恽传》:"妇,赵女也,雅善鼓瑟。"可见赵人有善鼓瑟的传统,故有"赵瑟"之说。虞（yú）《韶（sháo）》：指虞舜时的《韶》乐。汉班固《幽通赋》:"虞《韶》美而仪凤兮,孔忘味于千载。"虞,虞舜。《韶》,虞舜所作乐曲名。

③ 轺（yáo）车：奉使者和朝廷急命宣召者所乘的车。亦指代使者。唐王昌龄《送郑判官》:"东楚吴山驿树微,轺车衔命奉恩辉。"驿骑（yì jì）:驿马。亦指乘马送信、传递公文的人。《汉书·高帝纪下》:"横惧,乘传诣洛阳。"唐颜师古注:"传者,若今之驿。古者以车,谓之传车,其后又单置马,谓之驿骑。"

④ 锦绣：见前注。琼瑶（qióng yáo）：美玉。《诗经·卫风·木瓜》:"投我以木桃,报之以琼瑶。"毛传:"琼瑶,美玉。"《南史·隐逸传下·邓郁》:"色艳桃李,质胜琼瑶。"

⑤ 攘（rǎng）臂：捋起衣袖,伸出胳膊。常形容激奋貌。《老子》:"上礼为之而莫之应,则攘臂而扔之。"后世以捋袖伸臂为粗鲁争夺姿态。清戴名世《〈齐讴集〉自序》:"譬之盲僮跛竖,各以其意喜怒主人,而揎腕攘臂于藩篱之外,而主人曾莫之知也。"

⑥折（zhé）腰：晋陶渊明做彭泽县令的时候，因为不满官场应酬，说自己羞为五斗米折腰，于是辞官归隐。典出《晋书·隐逸传·陶潜》："吾不能为五斗米折腰，拳拳事乡里小人耶！"后以"折腰"为屈身事人之典。唐李白《梦游天姥吟留别》："安能摧眉折腰事权贵？使我不得开心颜。"

⑦范甑（zèng）：见前注。颜瓢（piáo）：典出《论语·雍也》："一箪食，一瓢饮，在陋巷，人不堪其忧，回也不改其乐。"后因以"颜瓢"为安贫乐道的典故。宋林逋《雪》诗之一："独有闭关孤隐者，一轩贫病在颜瓢。"颜，指颜回。他为人刻苦，安贫乐道。瓢，用葫芦做成的舀水或是盛酒的器具。

⑧鸳（yuān）帐：绣有鸳鸯图案的帐帏。夫妻或情人的寝具。古诗文习用语。唐杜牧《送人》："鸳鸯帐里暖芙蓉，低泣关山几万重。"宋晁端礼《雨中花》："荳蔻梢头，鸳鸯帐里，扬州一梦初惊。"

⑨凤台箫（xiāo）：即萧史事。见前注。

⑩杨柳软：形容女子的腰肢如春天的杨柳枝条一样柔软。唐杜甫《绝句漫兴九首》其九："隔户（一作"户外"）杨柳弱袅袅，恰似十五女儿腰。谁谓朝来不作意，狂风挽断最长条。"《太平广记·文章一·白居易》："唐白居易有妓樊素善歌，小蛮善舞。尝为诗曰：'樱桃樊素口，杨柳小蛮腰。'"

⑪海棠娇：形容女子的容貌如海棠花一般娇艳。详见前注"海棠春睡"。

⑫豪客：喜欢豪华奢侈、热衷游乐的人。唐许浑《送从兄归隐蓝溪》之一："渐老故人少，久贫豪客稀。"

⑬南陌（mò）：南面的道路。古诗文习用语。南朝梁沈约《鼓吹曲同诸公赋·临高台》："所思竟何在，洛阳南陌头。"

⑭东堂：东厢的殿堂或厅堂。古诗文习用语。

**【译文】**

开放对凋落,阴暗对明亮。

赵人善长演奏的瑟对虞舜时期的《韶》乐。

使者乘的车对驿站的马,漂亮的锦缎对名贵的玉石。

羞于将起袖子积极入世,不愿卑躬屈膝丢掉尊严。

范丹的空锅对颜回的空瓢。

冷天在绣着鸳鸯的锦帐里喝酒,月夜在凤凰停过的高台上吹箫。

舞女的腰像柳枝一样柔软,美女的容貌如海棠花一般娇艳。

热衷游乐的人春天到处踏青,南面原野上的青草发出阵阵香气;悠闲自在的人夏天躲避炎热,东边屋子旁的芭蕉摇动绿色的花影。

# （三）

班对马①,董对晁②。

夏昼对春宵③。

雷声对电影④,麦穗对禾苗。

八千路⑤,廿四桥⑥。

总角对垂髫⑦。

露桃匀嫩脸⑧,风柳舞纤腰⑨。

贾谊赋成伤《鹏鸟》⑩,周公诗就托《鸱鸮》⑪。

幽寺寻僧⑫,逸兴岂知俄尔尽⑬;长亭送客⑭,离魂不觉黯然消⑮。

**【注释】**

①班:指《汉书》的作者班固(32—92),字孟坚,扶风安陵(今陕西咸阳)人。著名史学家、文学家、经学理论家。继承其父班彪的事业,撰成《汉书》("八表"和《天文志》由妹班昭续成),是我国第一

部纪传体断代史。善于作赋,所写《两都赋》为汉赋名篇。所撰《白虎通义》,是经学理论名著。和帝永元元年(89),随大将军窦宪出击匈奴。后窦宪专权被杀,他受牵连,死在狱中。马:《史记》的作者司马迁(前145—?),字子长,左冯翊夏阳(今陕西韩城)人。著名史学家、文学家。早年从学于孔安国、董仲舒,游历各地,遍访民间风俗,采集传说。初任郎中,曾奉使巴、蜀、邛、筰、昆明等地,并随武帝巡游诸名山大川、重要都邑。元封三年(前108),继父任为太史令,得博览皇室秘书。太初元年(前104)与唐都等人改定太初历。又继父遗志,开始撰史。天汉二年(前99),李陵降匈奴,司马迁为之辩解,得罪下狱,受腐刑。出狱后任中书令。发愤辑理金匮石室之文献,写成《太史公书》(即《史记》)。《史记》是我国第一部纪传体通史,记事上起黄帝,下至汉武帝太初年间,对后世史学、文学均有深远影响。

②董(dǒng):指西汉大儒董仲舒(前179—前104),信都广川(今河北景县)人。经学大师。少治《春秋》,景帝时为博士。武帝时,以贤良对策,主张"罢黜百家,独尊儒术",为武帝采纳,开此后两千余年以儒学为正统学术之先声。曾任江都相、胶西王相。后托病辞官,专事修学著书。其学以儒学为中心,杂以阴阳五行,形成"天人感应"神学体系。以天道与人事相比附,谓君臣、父子、夫妇之道皆出于天意,"天不变,道亦不变"。代表作有《春秋繁露》《举贤良对策》等。晁(cháo):指西汉名臣晁错(前200—前154),颍川(今河南禹州)人。习申不害、商鞅刑名之术。文帝时,以文学为太常掌故。奉命受今文《尚书》于伏生。累迁太子家令,为太子(即汉景帝)信用,号为智囊。迁中大夫。景帝立,任内史,迁御史大夫。力主削藩,景帝采纳其意见,更定法令,削诸侯枝郡。吴楚七国以"诛晁错,清君侧"为名,举兵反叛。景帝听从袁盎之计,腰斩晁错于东市。

③春宵（xiāo）：春夜。古诗文习用语。唐白居易《长恨歌》："春宵苦短日高起，从此君王不早朝。"

④电影：闪电的影子，即闪电之光。古诗文习用语。唐李邕《楚州淮阴县婆罗树碑》："虽电影施鞭，夸父杖策，罔可喻其神速，曷云状其豁快哉！"宋楼锷《浣溪沙·双桧堂》："电影雷声催急雨，十分凉。"

⑤八千路：八千里路，极言路途遥远。古诗文习用语。唐韩愈《左迁至蓝关示侄孙湘》："夕贬潮州（一作"潮阳"）路八千。"宋岳飞《满江红》："八千里路云和月。"

⑥廿（niàn）四桥：又称"二十四桥"。一说为桥名，故址在今江苏扬州瘦西湖畔。一说为二十四座桥总称。唐杜牧《寄扬州韩绰判官》："二十四桥明月夜，玉人何处教吹箫？"《方舆胜览》谓隋代已有二十四桥，并以城门坊市为名。宋韩令坤筑州城，别立桥梁，所谓二十四桥或存或废，已难查考。宋沈括《梦溪补笔谈·杂志》："扬州在唐时最盛。旧城南北十五里一百一十步，东西七里三十步，可纪者有二十四桥。最西浊河茶园桥……自驿桥北河流东出，有参佐桥，次东水门，东出有山光桥。"系指扬州城外西自浊河桥、茶园桥起，东至山光桥止，沿途所有的桥。清李斗《扬州画舫录·冈西录》则以为："廿四桥即吴家砖桥，一名红药桥……《扬州鼓吹词序》云：是桥因古之二十四美人吹箫于此，故名。或曰即古之二十四桥，二说皆非。"后用以指歌舞繁华之地。宋周邦彦《玉楼春·惆怅词》："天涯回首一消魂，二十四桥歌舞地。"

⑦总角：古时儿童束发为两结，向上分开，形状如角，故称"总角"。《诗经·齐风·甫田》："婉兮娈兮，总角丱兮。"汉郑玄笺："总角，聚两髦也。"唐孔颖达疏："总角聚两髦，言总聚其髦以为两角也。"后用以代指童年时期。晋陶潜《荣木》诗序："总角闻道，白首无成。"垂髫（tiáo）：指儿童或童年。髫，儿童垂下的头发。晋

陶潜《桃花源记》:"黄发垂髫,并怡然自乐。"

⑧露桃:语本《乐府诗集·相和歌辞三·鸡鸣》:"桃生露井上,李树生桃旁。"后因用"露桃"称桃树、桃花。唐顾况《瑶草春》:"露桃秾李自成蹊,流水终天不向西。"又唐高蟾《下第后上永崇高侍郎》:"天上碧桃和露种,日边红杏倚云栽。"则"露桃"亦可解释成"沾着露水的桃花"。匀:涂抹均匀,打扮。

⑨风柳:风中的柳树。古诗文习用语。唐司空曙《题江陵临沙驿楼》:"江天清更愁,风柳入江楼。"

⑩贾谊(前200—前168):西汉名臣,河南洛阳人。年十八,即以文才出名。年二十余,文帝召为博士,迁太中大夫。数上疏,言时弊,为大臣周勃、灌婴等所毁,贬为长沙王太傅,迁梁怀王太傅。曾多次上书,主张重农抑商,建议削弱诸侯王势力。以怀才不遇,忧郁而死。所著政论《陈政事疏》《过秦论》等,为西汉鸿文。世称"贾太傅",又称"贾长沙",亦称"贾生"。有《新书》《贾长沙集》。《鵩(fú)鸟》:指《鵩鸟赋》。贾谊被贬作长沙王太傅的时候,有鵩鸟飞到他的屋上,贾谊自以为寿不得长,悲而作《鵩鸟赋》。赋云:"异物来集兮,私怪其故,发书占之兮,策言其度。曰:'野鸟入处兮,主人将去。'"见《史记·屈原贾生列传》。后因以"贾谊鵩"为怀才不遇、命运多舛之典。鵩鸟,猫头鹰一类的鸟。在古代被认为是一种不祥的鸟。

⑪周公:即周公旦。周武王之弟,周武王死后,辅佐年幼的成王治理国家。详见前注。《鸱鸮(chī xiāo)》:为《诗经》篇名,属《豳风》。周公曾遭人污蔑,于是写《鸱鸮》诗来表明自己的心志。该诗开篇云:"鸱鸮鸱鸮,既取我子,无毁我室。"宋朱子集传:"鸱鸮,鹓鹠(按:即猫头鹰),恶鸟,攫鸟子而食者也。"以鸱鸮比喻贪恶之人(管叔、蔡叔等)。毛传云:"鸱鸮,鸋鴂也。"唐陆德明《毛诗音义》:"鸋鴂似黄雀而小,俗呼之巧妇(按:即鹪鹩)。"毛传、郑笺

一派，与朱子理解不同。朱子与毛公、郑玄对"鸱鸮"是何鸟，虽然理解不同，但对此诗背景理解则同。毛序曰："《鸱鸮》，周公救乱也，成王未知周公之志，公乃为诗以遗王，名之曰《鸱鸮》焉。"即该诗写作背景。《尚书·周书·金縢》："武王既丧，管叔及其群弟乃流言于国曰：'公将不利于孺子。'周公乃告二公曰：'我之弗辟，我无以告我先王。'周公居东二年，则罪人斯得。于后，公乃为诗以贻王，名之曰《鸱鸮》，王亦未敢诮公。"即其根据所在。

⑫幽寺：清幽的寺庙。古诗文习用语。唐贾岛《就可公宿》："十里寻幽寺，寒流数派分。"

⑬逸（yì）兴：超凡脱俗的兴致、超逸豪放的意兴。唐李白《宣州谢朓楼饯别校书叔云》："俱怀逸兴壮思飞，欲上青天览明月。"俄尔：忽然，顷刻。此句暗用王子猷"兴尽"之典。《世说新语·任诞》："王子猷居山阴，夜大雪，眠觉，开室，命酌酒。四望皎然，因起彷徨，咏左思《招隐诗》。忽忆戴安道，时戴在剡，即便夜乘小船就之。经宿方至，造门不前而返。人问其故，王曰：'吾本乘兴而行，兴尽而返，何必见戴？'"

⑭长亭：古时在城外路旁每隔十里设立的亭子，供行人休息或饯别亲友。北周庾信《哀江南赋》："十里五里，长亭短亭。"唐杜牧《题齐安城楼》："不用凭栏苦回首，故乡七十五长亭。"

⑮离魂：指游子的思绪。宋柳永《满江红》（"匹马驱驱"）："两两栖禽归去急，对人相并声相唤。似笑我、独自向长途，离魂乱。"黯（àn）然：形容神情沮丧的样子。南朝江淹《别赋》："黯然销魂者，惟别而已矣。"

## 【译文】

班固对司马迁，董仲舒对晁错。

夏日的白天对春天的夜晚。

打雷的声音对闪电的光亮，小麦的穗子对谷物的幼苗。

八千里路,二十四桥。

总角指小孩对垂髫指幼童。

面容娇嫩,像沾着露水的桃花;腰身柔软,像随风舞动的柳枝。

贾谊看到不吉利的鵩鸟,写了《鵩鸟赋》抒发自己的伤感;周公被流言污蔑,创作了《鸱鸮》诗表明自己的心志。

到幽静的山寺寻访僧人,哪知道很快就没有兴致了;在长亭送朋友远行,心情不知不觉变得十分伤感。

# 下平三肴

## 【题解】

本篇共三段,皆为韵文。每段韵文,由若干句对仗的联语组成。每句皆押"平水韵"下平声"三肴"韵。

本篇每句句末的韵脚字,"爻""蛟""蛸""哮""胶""茅""嘲""交""巢""苞""郊""包""猫""肴""梢""樵""敲""抛"等,在传统诗韵("平水韵")里,都归属于下平声"三肴"这个韵部。这些字,在普通话里,韵母都含"ao",有的带韵头"i",有的没有韵头;声调有读第一声的,有读第二声的。

需要注意的是:普通话"ao"韵母的字,并不都属于"平水韵"下平声"三肴"韵,也有可能属于下平声"二萧"韵、"四豪"韵。它们在普通话系统里,韵母虽然没有区别,但在"平水韵"系统里,却是三个不同的韵部,只能算邻韵,填词时可以通押,写近体诗时不可通押。

本篇第一段五字对"蟋蟀对蟏蛸"这一句,清后期通行本《声律启蒙撮要》作"螵蛸"。但"螵蛸"之"蛸",诗韵("平水韵")在下平"二萧"部;"蟏蛸"之"蛸",诗韵("平水韵")在下平"三肴"部。今改"螵蛸"为"蟏蛸",以合韵例。且"蟋蟀""蟏蛸",皆为《诗经》名物,自是工对。明涂时相本《声律发蒙》,亦作"蟏蛸"。

# （一）

《风》对《雅》①，象对爻②。

巨蟒对长蛟③。

天文对地理④，蟋蟀对蟏蛸⑤。

龙夭矫⑥，虎咆哮⑦。

北学对东胶⑧。

筑台须垒土⑨，成屋必诛茅⑩。

潘岳不忘《秋兴赋》⑪，边韶常被昼眠嘲⑫。

抚养群黎⑬，已见国家隆治⑭；滋生万物，方知天地泰交⑮。

## 【注释】

① 《风》：即《国风》，与《雅》《颂》并列，是《诗经》的一部分。大抵是周初至春秋间各诸侯国的歌谣。包括《周南》《召南》和《邶风》《鄘风》《卫风》《王风》《郑风》《齐风》《魏风》《唐风》《秦风》《陈风》《桧风》《曹风》《豳风》，也称为"十五国风"，共一百六十篇。《雅》：与《风》《颂》并列，是《诗经》的一部分。是周王畿内乐调，朝廷正乐。又分《大雅》《小雅》。《诗大序》："雅者，正也，言王政之所废兴也。政有小大，故有《小雅》焉，有《大雅》焉。"《大雅》三十一篇，多为西周王室贵族的作品，主要歌颂周王室祖先乃至武王、宣王等的功绩，有些诗篇也反映了厉王、幽王的暴虐昏乱及其统治危机。《小雅》七十四篇，大抵产生于西周后期和东周初期。这时王政衰微，政治黑暗，诸多矛盾日益尖锐。故其中诗篇较多的是指斥朝政缺失，反映社会动乱，表现周室与西北戎狄部族以及东方诸侯各国之间的矛盾；也有少数是统治阶级宴会的乐歌。

②象:《周易》学术语,即卦象。指《周易》每卦所象征的事物及其爻位等关系。术数家视卦象以测天理、人事。《周易》卦象由六爻组成。《周易》各卦附有《象传》。又分"大象""小象"。"大象",是以卦象为根据来解释各卦的文辞。《周易·乾》:"象曰:'天行健,君子以自强不息。'"唐孔颖达疏:"此大象也。十翼之中第三翼,总象一卦,故谓之大象。""小象",是说明每卦各爻的文辞。《周易·乾》:"潜龙勿用,阳在下也。"唐孔颖达疏:"自此以下至'盈不可久',是夫子释六爻之象辞,谓之小象。"爻(yáo):《周易》中组成卦的符号,称"爻"。爻有阴阳之分。"—"为阳爻,"--"为阴爻。每三爻合成一卦,可得八卦。两卦(六爻)相重则得六十四卦,称为别卦。爻含有交错和变化之意。

③蟒(mǎng):蟒蛇。蛟(jiāo):蛟龙,古代传说中一种能发洪水的龙。

④天文:日、月、星、辰等天体在宇宙间分布运行等现象。古人把风、云、雨、露、霜、雪等地文现象也列入天文范围。《周易·贲》:"观乎天文,以察时变。"地理:土地、山川等的环境形势。《周易·系辞上》:"仰以观于天文,俯以察于地理。"唐孔颖达疏:"地有山川原隰,各有条理,故称理也。"《汉书·郊祀志下》:"三光,天文也;山川,地理也。"

⑤蟏蛸(xiāo shāo):蜘蛛的一种,脚很长。通称蟢子。《诗经·豳风·东山》:"伊威在室,蟏蛸在户。"唐孔颖达疏:"蟏蛸,长踦,一名长脚。荆州河内人谓之喜母,此虫来着人衣,当有亲客至有喜也。幽州人谓之亲客,亦如蜘蛛为罗网居之,是也。"清后期通行本《声律启蒙撮要》此处作"螵蛸(piāo xiāo)"。螵蛸,指螳螂的卵块。亦可指螳螂。产在桑树上的名桑螵蛸,可入药。《礼记·月令》"(仲夏之月)小暑至,螳螂生。"汉郑玄注:"螳螂,螵蛸母也。"但"螵蛸"之"蛸",诗韵("平水韵")在下平"二萧"部;"蟏蛸"之"蛸",诗韵("平水韵")在下平"三肴"部。二字虽同形但并不

同音。《佩文诗韵》区分甚清。《广韵》,"螵蛸"之"蛸",收在下平"四宵"部;"蟏蛸"之"蛸",收在下平"五肴"部。说明《佩文诗韵》有所本,在中古音系统里,二字不同音。考之唐宋以来诗人作品实际用例,亦与韵书相合。因此,《声律启蒙·下平三肴》篇不当有"螵蛸",今改为"蟏蛸",以合韵例。且"蟋蟀""蟏蛸",皆为《诗经》名物,自是工对。明涂时相本《声律发蒙》,亦作"蟏蛸"。

⑥龙夭矫(yāo jiǎo):语典出自《淮南子·修务训》:"木熙者,举梧槚,据句枉,蝯自纵,好茂叶,龙夭矫。"夭矫,屈伸自如貌。《史记·司马相如列传》:"长啸哀鸣,翩幡互经,夭矫枝格,偃蹇杪颠。"唐张守节正义引晋郭璞曰:"皆猿猴在树共戏恣态也。夭矫,频申也。"

⑦咆哮(páo xiāo):怒吼。

⑧北学:指周代设在京城的最高学府之一。相传夏、商、周三代的最高学府内分东西南北四学和太学。《大戴礼记·保傅》引《学礼》曰:"帝入东学,上亲而贵仁,则亲疏有序,如恩相及矣;帝入南学,上齿而贵信,则长幼有差,如民不诬矣;帝入西学,上贤而贵德,则圣智在位,而功不遗矣;帝入北学,上贵而尊爵,则贵贱有等,而下不逾矣;帝入太学,承师问道,退习而端于太傅,太傅罚其不则而达其不及,则德智长而理道得矣。"《汉书·贾谊传》亦引,文字大同小异。东胶:周代的大学。《礼记·王制》:"夏后氏养国老于东序,养庶老于西序……周人养国老于东胶,养庶老于虞庠。虞庠在国之西郊。"汉郑玄注:"东序、东胶亦大学,在国中王宫之东……西序在西郊。"东胶、西序本为夏周之小学、大学,后用以泛指兴教化、养耆老的场所。《陈书·儒林传·沈不害》:"故东胶西序,事隆乎三代;环林璧水,业盛于两京。"

⑨筑台:建造游观之台。《国语·周语中》:"国无寄寓,县无施舍,民将筑台于夏氏。"三国吴韦昭注:"台,观台也。"

⑩成屋:建成房屋。诛(zhū)茅:典出《楚辞·卜居》:"宁诛锄草

茅,以力耕乎?"意为芟除茅草。引申为结庐安居。唐吴融《和峡州冯使君题所居》:"三年拔薙成仁政,一日诛茅葺所居。"

⑪潘(pān)岳:字安仁,西晋文学家。见前注。《秋兴赋》:潘岳所作,赋中名篇。

⑫边韶(sháo)常被昼眠嘲:本句典出《后汉书·文苑列传上》:"韶口辩,曾昼日假卧,弟子私嘲之曰:'边孝先,腹便便。懒读书,但欲眠。'韶潜闻之,应时对曰:'边为姓,孝为字。腹便便,"五经"笥。但欲眠,思经事。寐与周公通梦,静与孔子同意。师而可嘲,出何典记?'嘲者大惭。"边韶,字孝先,陈留浚仪(今河南开封)人。以文章知名,教授弟子数百人。桓帝时为太中大夫,著作东观。迁北地太守,入拜尚书令。后为陈相,卒于官。

⑬群黎(lí):万民,百姓。《诗经·小雅·天保》:"群黎百姓,偏为尔德。"汉郑玄笺:"黎,众也。群众百姓。"宋朱子集传:"群,众也。黎,黑也,犹秦言黔首也。"

⑭隆治:指国家得到高度治理,已是太平盛世。

⑮泰交:语出《周易·泰》:"天地交,泰。"谓天地之气相交,物得大通。后因以"泰交"谓上下不隔,互通声气。

## 【译文】

《风》是里巷歌谣对《雅》是朝廷乐歌,《周易》的卦象对爻辞。

大蛇对长龙。

天文知识对地理知识,蟋蟀对蜘蛛。

巨龙屈伸自如,老虎大声吼叫。

同是上古学校的北学对东胶。

建高台必须要先堆土,盖房子必须要先割茅草。

潘岳不忘写过的《秋兴赋》,边韶经常因为白天睡觉受到嘲笑。

爱民如子、教化群众,已经看见国家繁荣太平的征兆;辅助万物生长,才知道什么是天地之气相交大吉大利。

# （二）

蛇对虺①，蜃对蛟②。

麟薮对鹊巢③。

风声对月色，麦穗对桑苞④。

何妥难⑤，子云嘲⑥。

楚甸对商郊⑦。

五音惟耳听⑧，万虑在心包⑨。

葛被汤征因仇饷⑩，楚遭齐伐责包茅⑪。

高矣若天，洵是圣人大道⑫；淡而如水，实为君子神交⑬。

## 【注释】

① 虺（huǐ）：即腹蛇，剧毒。亦泛指蛇类。《诗经·小雅·斯干》："维熊维罴，维虺维蛇。"唐孔颖达疏："《释鱼》云：'蝮虺，博三寸，首大如擘。'舍人曰：'蝮，一名虺。江淮以南曰蝮，江淮以北曰虺。'孙炎曰：'江淮以南谓虺为蝮，广三寸，头如拇指，有牙，最毒。'"

② 蜃（shèn）：一般认为是大蛤蜊。《礼记·月令》："雉入大水为蜃。"汉郑玄注："大蛤曰蜃。"古人认为蜃气能幻化成楼阁，即海市蜃楼。《史记·天官书》："故北夷之气如群畜穹闾，南夷之气类舟船幡旗。大水处，败军场，破国之虚，下有积钱，金宝之上，皆有气，不可不察。海旁蜃气象楼台，广野气成宫阙然。云气各象其山川人民所聚积。"但《康熙字典》引《本草》云："蜃，蛟之属，其状亦似蛇而大，有角如龙状，红鬣，腰以下鳞尽逆，食燕子。能吁气成楼台城郭之状，将雨即见，名蜃楼，亦曰海市。其脂和蜡作烛，香凡百步，烟中亦有楼阁之形。"《康熙字典》引《本草》即《本草纲目》，该书，"蜃"为"蛟龙"纲目之附录。《本草纲目》实据宋陆佃

《埤雅·释鱼·蜃》:"《杂兵书》曰:'东海出气如鳖,渭水出气如蜃。'蜃形如蛇而大,腰以下鳞尽逆。一曰状似螭龙,有耳有角,背鬣作红色。嘘气成楼台,望之丹碧,隐然如在烟雾,高鸟倦飞,就之以息,喜且至,气辄吸之而下。今俗谓之'蜃楼',将雨即见。《史记》曰:'海旁蜃气成楼台,野气成宫阙。'即此是也。世云雉与蛇交而生蜃,盖得其脂,和蜡为烛,香闻百步,烟出其上,皆成楼阁之状矣。又曰蛇之求于龟则为龟,求于雉则为雉,故三物常异而同感也。……《笔谈》云:'登州海中时有云气,如宫室、台观、城堞、人物、车马、冠盖之状,谓之海市。或云蛟蜃之气。'"明谢肇淛《五杂组》亦引之。明清以来主流意见,不取蜃为大蛤之说,而取蜃为蛟之属之说。本篇前句"蛇对虺","虺"为"蛇"属之一种;本句"蜃对蛟","蜃"为"蛟"属一种,方合行文体例。若以"蜃"为大蛤,则与"蛟"全无关系。

③麟薮(lín sǒu):麒麟出没的郊野草泽之地。《毛诗·麟趾序》正义引《唐传》(《尚书大传》篇目)云:"尧时,麒麟在郊薮。"《礼记·礼运》曰:"故天不爱其道,地不爱其宝,人不爱其情。故天降膏露,地出醴泉,山出器车,河出马图,凤凰麒麟皆在郊棷(通"薮")。"汉桓宽《盐铁论·和亲》:"凤皇在列树,麒麟在郊薮,群生庶物,莫不被泽。"鹊巢:鹊的巢穴。《诗经·召南·鹊巢序》:"鹊巢,夫人之德也。国君积行累功,以致爵位,夫人起家而居有之,德如鸤鸠,乃可以配焉。"后遂以"鹊巢"指妇人之德。唐陆贽《册杞王妃文》:"明章妇顺,虔奉姆仪,克茂鹊巢之规,叶宣麟趾之美。"

④麦穗(suì):旧时以麦穗两歧("歧"亦作"岐",指一麦两穗)为祥瑞,以兆丰年。亦用以称颂吏治成绩卓著。《后汉书·张堪传》:"(堪)乃于狐奴开稻田八千余顷,劝民耕种,以致殷富。百姓歌曰:'桑无附枝,麦穗两歧。张君为政,乐不可支。'"桑苞:即苞桑,根深柢固的桑树。《周易·否》:"系于苞桑。"唐孔颖达疏:

"苞，本也。凡物系于桑之苞本则牢固也……桑之为物，其根众也，众则牢固之义。"后以"盘石桑苞"比喻安稳牢固。

⑤何妥难（nàn）：指隋朝大儒何妥以《春秋》经义为难国子祭酒元善事。事见《隋书·儒林传·元善》："善之通博，在何妥之下，然以风流酝藉，俯仰可观，音韵清朗，听者忘倦，由是为后进所归。妥每怀不平，心欲屈善。因善讲《春秋》，初发题，诸儒毕集。善私谓妥曰：'名望已定，幸无相苦。'妥然之。及就讲肆，妥遂引古今滞义以难，善多不能对。善深衔之，二人由是有隙。"《北史·元善传》亦载此事。又，《陈书·袁宪传》及《南史·袁宪传》皆载何妥以学问诘难袁宪事。何妥，字栖凤，西城（今陕西安康）人。其父细胡，本胡人，通商入蜀，遂家郫县（今四川成都），事梁武陵王纪，主知金帛，因致巨富，号为西州大贾。何妥少有才名，年十七，以技巧事湘东王。后入北周，授太学博士，封襄城县伯。再入隋，除国子博士，加通直散骑常侍，进爵为公。曾出任龙州刺史，终于国子祭酒任。谥肃。何妥有口才，知乐律，好臧否人物。著有《周易讲疏》《孝经义疏》《庄子义疏》四卷等，已佚。难，诘难，特指在学问义理方面进行诘辩论难。

⑥子云嘲：指汉代扬雄曾经写过《解嘲》一文。扬雄撰写《太玄》一书，时人嘲笑他一事无成，扬雄作《解嘲》一文述淡泊之志。《汉书·扬雄传下》："哀帝时丁、傅、董贤用事，诸附离之者或起家至二千石。时雄方草《太玄》，有以自守，泊如也。或嘲雄以玄尚白，而雄解之，号曰《解嘲》。"唐颜师古注："玄，黑色也。言雄作之不成，其色犹白，故无禄位也。"扬雄（前53—后18），字子云，蜀郡成都（今属四川）人。少好学，为人口吃，博览群书，长于辞赋。年四十余，始游京师，以文见召，奏《甘泉》《河东》《羽猎》《长杨》等赋。成帝时任给事黄门郎。后仕于王莽，为大夫。校书天禄阁。著有《太玄》《法言》《方言》《训纂篇》。

⑦楚甸（diàn）：犹楚地。古诗文习用语。唐李峤《茅》："楚甸供王日，衡阳入贡年。"唐刘希夷《江南曲》："潮平见楚甸，天际望维扬。"甸，上古时代国都城外百里以内称郊，郊以外称甸。《左传·襄公二十一年》："罪重于郊甸。"晋杜预集解："郭外曰郊，郊外曰甸。"商郊：商朝都城的郊野。古诗文习用语。唐徐彦伯《比干墓》："周发次商郊，冤骸悲莫殣。"

⑧五音：我国古代五声音阶中的五个音级，即宫、商、角、徵、羽。唐以后又名合、四、乙、尺、工。《孟子·离娄上》："不以六律，不能正五音。"汉赵岐注："五音，宫、商、角、徵、羽。"亦指音乐。《韩非子·十过》："不务听治而好五音，则穷身之事也。"

⑨万虑：指各种思绪、各种考虑。唐韩愈《感春》之四："数杯浇肠虽暂醉，皎皎万虑醒还新。"包：包罗。

⑩葛（gě）：夏代的一个小国名。汤：商汤，商朝开国君王，上古圣君。仇饷（chóu xiǎng）：指杀人而夺去饷赠的食物。饷，用食物等款待。典出《尚书·仲虺之诰》："乃葛伯仇饷，初征自葛。"孔传："葛伯游行，见农民之饷于田者，杀其人，夺其饷，故谓之仇饷。仇，怨也。"又《孟子·滕文公下》："汤居亳，与葛为邻。葛伯放而不祀，汤使人问之，曰：'何为不祀？'曰：'无以供牺牲也。'汤使遗之牛羊。葛伯食之，又不以祀。汤又使人问之曰：'何为不祀？'曰：'无以供粢盛也。'汤使亳众往为之耕，老弱馈食。葛伯率其民，要其有酒食黍稻者夺之，不授者杀之。有童子以黍肉饷，杀而夺之。《书》曰：'葛伯仇饷。'此之谓也。为其杀是童子而征之，四海之内皆曰：'非富天下也，为匹夫匹妇复仇也。'汤始征，自葛载，十一征而无敌于天下。"

⑪责包茅：春秋时期，齐桓公率兵攻打楚国，楚成王派使者问齐国为什么攻打楚国，管仲用楚国没有向周王朝进贡菁茅为借口。包茅，裹束成捆的菁茅，古代祭祀时用以滤酒。典出《左传·僖

公四年》：“四年春，齐侯以诸侯之师侵蔡。蔡溃，遂伐楚。楚子
使与师言曰：‘君处北海，寡人处南海，唯是风马牛不相及也。不
虞君之涉吾地也，何故？’管仲对曰：‘昔召康公命我先君大公曰：
“五侯九伯，女实征之，以夹辅周室。”赐我先君履，东至于海，西
至于河，南至于穆陵，北至于无棣。尔贡包茅不入，王祭不共，无
以缩酒，寡人是征。昭王南征而不复，寡人是问。’”

⑫“高矣若天”二句：典出《孟子·尽心上》：“公孙丑曰：‘道则高矣，
美矣，宜若登天然，似不可及也。何不使彼为可几及而日孳孳也？’
孟子曰：‘大匠不为拙工改废绳墨，羿不为拙射变其彀率。君子引
而不发，跃如也。中道而立，能者从之。’”洵（xún），确定，实在。

⑬“淡而如水”二句：用“君子之交淡如水”典，出自《礼记·表记》
及《庄子·山木》，或为战国时期俗语。《礼记·表记》：“故君子
之接如水，小人之接如醴；君子淡以成，小人甘以坏。”汉郑玄注：
“接或为交。”唐孔颖达疏：“君子之接如水者，言君子相接，不用
虚言，如两水相交，寻合而已。”《庄子·山木》：“且君子之交淡若
水，小人之交甘若醴。君子淡以亲，小人甘以绝。”晋郭象注：“无
利故淡，道合故亲。”

## 【译文】

蛇中有一种剧毒的叫作虺，蛟龙中有一种能吐气成楼阁样子的叫
作蜃。

麒麟出没的沼泽对喜鹊居住的窝。

风声对月光，小麦双穗是丰年的征兆对桑树根深是国家稳固的
象征。

何妥喜欢以经义刁难别人，扬雄被人质疑而自我解嘲。

楚国的城外对商朝的郊野。

所有声音只能用耳朵听，一切想法都要放在心中。

成汤之所以攻打葛国，是因为他们杀死使者抢夺赠送给他们祭祀

用的食物；楚国遭到齐国的攻打，是因为他们没有向周王朝进贡祭祀时滤酒用的菁茅。

圣贤的大道像天一样高远，君子之间的交往像水一般淡泊。

# （三）

牛对马，犬对猫。

旨酒对嘉肴①。

桃红对柳绿，竹叶对松梢。

藜杖叟②，布衣樵③。

北野对东郊④。

白驹形皎皎⑤，黄鸟语交交⑥。

花圃春残无客到，柴门夜永有僧敲⑦。

墙畔佳人，飘扬竞把秋千舞⑧；楼前公子，笑语争将蹴鞠抛⑨。

## 【注释】

①旨酒：美酒。《诗经·小雅·鹿鸣》："我有旨酒，以燕乐嘉宾之心。"《孟子·离娄下》："禹恶旨酒，而好善言。"嘉肴（jiā yáo）：美味的菜肴。《诗经·小雅·正月》："彼有旨酒，又有嘉殽。"《礼记·投壶》："子有旨酒嘉肴，某既赐矣，又重以乐，敢辞。"汉王粲《公宴诗》："嘉肴充圆方，旨酒盈金罍。"唐韩愈《祭董相公文》："旨酒既盈，嘉肴在盛，呜呼我公，庶享其诚。"

②藜（lí）杖：用藜的老茎制成的手杖。《晋书·山涛传》："魏帝尝赐景帝春服，帝以赐涛，又以母老，并赐藜杖一枚。"

③布衣：布制的衣服。借指平民。古代平民不能穿锦绣，故称"布衣"。樵（qiáo）：樵夫，打柴的人。

④野：郊外。《诗经·鲁颂》：“駉駉牡马，在坰之野。”毛传：“邑外曰郊，郊外曰野。”

⑤白驹：白色的小马。　皎皎（jiǎo）：形容颜色洁白。《诗经·小雅·白驹》：“皎皎白驹，食我场苗。”唐陆德明《毛诗音义》：“皎皎，洁白也。”

⑥黄鸟：黄雀。交交：象声词。鸟的鸣叫声。《诗经·秦风·黄鸟》：“交交黄鸟，止于棘。”清马瑞辰《毛诗传笺通释》：“交交，通作咬咬，谓鸟声也。”毛传云：“交交，小貌。”宋朱子集传：“交交，飞而往来之貌。”本篇云“黄鸟语交交”，与马瑞辰训释相合，说明明清以来主流意见，认为“交交”是象声词，不取经书古训。另，“交交”为古诗文习用语，亦指鸟鸣声。晋夏侯湛《春可乐》：“鹦交交以弄音，翠翾翾以轻翔。”唐薛涛《十离诗·燕离巢》：“出入朱门未忍抛，主人常爱语交交。”

⑦“柴门夜永有僧敲”：这一句是说夜深了还有和尚敲门。夜永，夜深。唐贾岛《题李凝幽居》：“鸟宿池边树，僧敲月下门。”此诗“敲”字，相传是韩愈帮贾岛选定。后蜀何光远《鉴戒录·贾忤旨》：“（贾岛）忽一日于驴上吟得：‘鸟宿池中树，僧敲月下门。’初欲著‘推’字，或欲著‘敲’字，炼之未定，遂于驴上作‘推’字手势，又作‘敲’字手势。不觉行半坊。观者讶之，岛似不见。时韩吏部愈权京尹，意气清严，威振紫陌。经第三对呵唱，岛但手势未已。俄为官者推下驴，拥至尹前，岛方觉悟。顾问欲责之。岛具对：‘偶得一联，吟安一字未定，神游诗府，致冲大官，非敢取尤，希垂至鉴。’韩立马良久思之，谓岛曰：‘作敲字佳矣。’”后因以“推敲”指斟酌字句。

⑧秋千：我国民间传统体育运动。在木架或铁架上悬挂两绳，下拴横板。人在板上或站或坐，两手握绳，利用蹬板的力量身躯随而前后向空中摆动。相传为春秋齐桓公从北方山戎引入。一说本

作千秋，为汉武帝宫中祝寿之词，取千秋万岁之义。后倒读为秋千，又转为“鞦韆”。见南朝梁宗懔《荆楚岁时记》、宋高承《事物纪原·岁时风俗》。唐杜甫《清明》诗之二：“十年蹴踘将雏远，万里鞦韆习俗同。”清仇兆鳌注：“宗懔《岁时记》：寒食有打毬、鞦韆、施钩之戏。《古今艺术图》：以彩绳悬木立架，士女坐立其上，推引之，谓之鞦韆。一云当作千秋，本出汉宫祝寿词，后人倒读，又易其字为鞦韆耳。”

⑨蹴踘（cù jū）：我国古代的一种球类运动。用以练武、娱乐、健身。本为军中娱乐，后流行于民间。传说始于黄帝，战国时已流行。《史记·扁鹊仓公列传》：“处（项处）后蹴踘，要蹷寒，汗出多，即呕血。”《汉书·枚乘传》：“游观三辅离宫馆，临山泽，弋猎射驭狗马蹵鞠刻镂，上有所感，辄使赋之。”唐颜师古注：“蹵，足蹵之也。鞠以韦为之，中实以物，蹵蹋为戏乐也。”《后汉书·梁冀传》：“性嗜酒，能挽满、弹棋、格五、六博、蹴鞠、意钱之戏。”唐李贤注引汉刘向《别录》：“蹴鞠者，传言黄帝所作，或曰起战国之时。蹋鞠，兵埶（按：同“艺”）也，所以讲武知有材也。”

**【译文】**

牛对马，狗对猫。

美酒对嘉肴。

桃花嫣红对柳枝碧绿，竹子叶对松树梢。

拄着拐杖的老人，穿着粗布衣服的樵夫。

北边的田野对东边的乡郊。

白马颜色纯洁无瑕，黄鸟叫声和谐悦耳。

暮春时，没有人再到花园里去；夜深时，还有僧人轻敲柴门。

美丽的姑娘动作轻盈，争相在墙边荡秋千；贵族子弟嘻笑着，在楼前玩蹴鞠。

# 下平四豪

## 【题解】

本篇共三段,皆为韵文。每段韵文,由若干句对仗的联语组成。每句皆押"平水韵"下平声"四豪"韵。

本篇每句句末的韵脚字,"刀""高""袍""醪""猱""缫""桃""篙""褒""蒿""萄""糟""滔""羔""涛""毛""劳"等,在传统诗韵("平水韵")里,都归属于下平声"四豪"这个韵部。这些字,在普通话里,韵母都是"ɑo",基本没有韵头"i";声调有读第一声的,有读第二声的。

需要注意的是:普通话"ɑo"韵母的字,并不都属于"平水韵"下平声"四豪"韵,也有可能属于下平声"二萧"韵、"三肴"韵。它们在普通话系统里,韵母虽然没有区别,但在"平水韵"系统里,却是三个不同的韵部,只能算邻韵,填词时可以通押,写近体诗时不可通押。

## （一）

琴对瑟,剑对刀。

地迥对天高①。

峨冠对博带②,紫绶对绯袍③。

煎异茗④,酌香醪⑤。

虎兕对猿猱⑥。

武夫攻骑射,野妇务蚕缫⑦。

秋雨一川淇澳竹⑧,春风两岸武陵桃⑨。

螺髻青浓⑩,楼外晚山千仞⑪;鸭头绿腻⑫,溪中春水半篙⑬。

## 【注释】

①迥（jiǒng）：遥远，僻远。古诗文习用"地迥""天高"作对。唐柳宗元《浑鸿胪宅闻歌效白纻》："天高地迥凝日晶。"宋朱子《同僚小集梵天寺坐间雨作已复开霁步至东桥玩月赋诗二首》其一："地迥衣裳冷，天高澄霁还。"宋史季温《鼓山》："天高陡觉星辰近，地迥偏饶日月闲。"

②峨冠（é guān）：高冠。峨，高。博带：大带。博，大。峨冠博带，为古代儒生或士大夫的装束。是元明以来诗词习用语。元沈禧《菩萨蛮》："峨冠博带青藜杖，行行独步青溪上。"明王渐逵《石葵歌赠乔都阃》："峨冠博带称儒雅，宾客雍容列尊罍。"

③紫绶（shòu）：紫色丝带。古代高级官员用作印组，或作服饰。《汉书·百官公卿表上》："相国、丞相，皆秦官，金印紫绶。"唐李白《门有车马客行》："空谈霸王略，紫绶不挂身。"绯（fēi）袍：红色官服。唐制，四品袍深绯，五品袍浅绯。唐白居易《别草堂三绝句》其二："久眠褐被为居士，忽挂绯袍作使君。"《酬元郎中同制加朝散大夫书怀见赠》："五品足为婚嫁主，绯袍着了好归田。"唐制，中下州刺史是四品官，朝散大夫是从五品官。

④煎：烹茶。唐封演《封氏闻见记·饮茶》："自邹、齐、沧、棣，渐至京邑，城市多开店铺，煎茶卖之。"唐白居易《山泉煎茶有怀》："坐酌泠泠水，看煎瑟瑟尘。无由持一碗，寄与爱茶人。"异茗（míng）：稀有的好茶。唐黄滔《宿李少府园林》："尝频异茗尘心净，议罢名山竹影移。"

⑤香醪（láo）：美酒。古诗文习用语。唐杜甫《崔驸马山亭宴集》："清秋多宴会，终日困香醪。"醪，汁渣混合的酒，又称"浊酒"，也称"醪糟"。

⑥虎兕（sì）：老虎与犀牛。比喻凶恶残暴的人。《论语·季氏》："虎兕出于柙。"汉王逸《九思·逢尤》："虎兕争兮于廷中。"兕，古代

兽名,犀牛的一种。皮厚,可以制甲。一说,雌犀牛。猿猱（náo）：泛指猿猴。《管子·形势》："坠岸三仞,人之所大难也,而猿猱饮焉。"唐李白《蜀道难》："黄鹤之飞尚不得过,猿猱欲度愁攀援。"

⑦野妇：见前注。务：致力于,用心于。蚕缲（sāo）：亦作"蚕缫"。饲蚕缲丝。《孟子·滕文公下》："夫人蚕缫,以为衣服。"缲,从蚕茧上把丝抽出来。

⑧淇澳（qí yù）竹：即长在淇水边的竹子。《诗经·卫风·淇奥》："瞻彼淇奥,绿竹猗猗。"毛传："奥,隈也。"晋左思《魏都赋》："南瞻淇澳,则绿竹纯茂。"淇,淇水,黄河的支流,从河南浚县淇门镇流入黄河。澳,一作"奥",水岸深曲的地方。

⑨武陵：地名。在今湖南常德。晋宋之际大诗人陶渊明著《桃花源记》,说有一个捕鱼的武陵人沿着溪水前行,看见两岸桃花盛开,花瓣纷纷落下,不知不觉中进入桃花源。

⑩螺髻（luó jì）：螺壳状的发髻,常用以比喻耸起如髻的峰峦。古诗文习用语。唐皮日休《太湖诗·缥缈峰》："似将青螺髻,撒在明月中。"宋辛弃疾《水龙吟·登建康赏心亭》："遥岑远目,献愁供恨,玉簪螺髻。"

⑪千仞（rèn）：形容极高或极深。《庄子·秋水》："千里之远不足以举其大,千仞之高不足以极其深。"汉桓宽《盐铁论·刑德》："千仞之高,人不轻凌。"仞,古代长度单位。七尺为一仞。一说,八尺为一仞。

⑫鸭头：见前注。腻（nì）：形容颜色浓重。

⑬春水半篙（gāo）：形容春水深及撑船竹篙的一半。古诗文习用语。宋苏辙《泛颍水》："半篙春水花千片,八尺轻船酒一壶。"宋虞俦《临安泛舟》："桃源春水半篙稳,锦谷清溪几曲通。"

【译文】

古琴对宝瑟,宝剑对大刀。

大地辽阔对天空高远。

高高的帽子对宽宽的衣带,紫色的印带对红色的官袍。

煎煮珍贵的茶,倒上醇厚的酒。

老虎和犀牛对猿和猴。

军中武士精通骑马射箭,农村妇女致力养蚕抽丝。

淇水边的竹子在秋雨中格外繁盛,武陵岸上的桃花在春风中十分妖娆。

傍晚的时候,楼外的高山青得像女子的发髻一样浓重;春天的时候,溪中的浅水绿得像鸭子头上的毛一样细腻。

# （二）

刑对赏①,贬对褒②。

破斧对征袍③。

梧桐对橘柚④,枳棘对蓬蒿⑤。

雷焕剑⑥,吕虔刀⑦。

橄榄对葡萄。

一椽书舍小⑧,百尺酒楼高⑨。

李白能诗时秉笔⑩,刘伶爱酒每衔糟⑪。

礼别尊卑⑫,拱北众星常灿灿⑬;势分高下,朝东万水自滔滔⑭。

## 【注释】

①刑、赏:刑罚与奖赏。《周礼·天官·大宰》:"七曰刑赏,以驭其威。"唐贾公彦疏:"谓有罪刑之,有功赏之。"《北史·杜弼传》:"天下大务,莫过刑赏二端。"

②贬、褒(bāo):贬低和赞扬。汉董仲舒《春秋繁露·威德所生》:

"《春秋》采善不遗小，掇恶不遗大，讳而不隐，罪而不忽，□□（原文缺二字）以是非，正理以褒贬。"晋杜预《春秋经传集解·序》："《春秋》虽以一字为褒贬，然皆须数句以成言。"

③破斧：语本《诗经·豳风·破斧》："既破我斧，又缺我斨。"斧、斨，泛指兵器。后以"破斧缺斨"形容战争中必须付出的代价。原典，"破"是动词。此处，"破斧"与"征袍"对偶，则"破"为形容词。征袍：出征将士穿的战袍。唐李白《子夜吴歌》之四："明朝驿使发，一夜絮征袍。"

④橘柚（jú yòu）：是一种水果，产于我国南方，别名金柑。一说为两种水果，即橘和柚。古诗文常见。梧桐对橘柚，本于唐李白《秋登宣城谢朓北楼》："人烟寒橘柚，秋色老梧桐。"

⑤枳棘（zhǐ jí）：枳木与棘木。因其多刺而称恶木。常用以比喻恶人或小人。亦用以比喻艰难险恶的环境。《后汉书·循吏列传》云："枳棘非鸾凤所栖，百里岂大贤之路？"（详见前"主簿栖鸾"注）。蓬蒿（hāo）：蓬草和蒿草。亦泛指草丛、草莽。借指荒野偏僻之处。汉桓宽《盐铁论·通有》："山居泽处，蓬蒿墝埆，财物流通，有以均之。"唐李白《南陵别儿童入京》："仰天大笑出门去，我辈岂是蓬蒿人？"

⑥雷焕（huàn）剑：晋代雷焕在豫章丰城监狱屋基掘得龙泉、太阿二柄宝剑。一把剑送给张华，另一把自己佩带。张华被杀后他那把剑就不见了。雷焕去世后他的儿子佩着剑过延平津，宝剑忽从腰间跃出跳入水中，再找的时候，只见两条龙在水中。事见《晋书·张华传》："初，吴之未灭也，斗牛之间常有紫气，道术者皆以吴方强盛，未可图也，惟华以为不然。及吴平之后，紫气愈明。华闻豫章人雷焕妙达纬象，乃要焕宿，屏人曰：'可共寻天文，知将来吉凶。'因登楼仰观，焕曰：'仆察之久矣，惟斗牛之间颇有异气。'华曰：'是何祥也？'焕曰：'宝剑之精，上彻于天耳。'

华曰：'君言得之。吾少时有相者言，吾年出六十，位登三事，当得宝剑佩之。斯言岂效与！'因问曰：'在何郡？'焕曰：'在豫章丰城。'华曰：'欲屈君为宰，密共寻之，可乎？'焕许之。华大喜，即补焕为丰城令。焕到县，掘狱屋基，入地四丈余，得一石函，光气非常，中有双剑，并刻题，一曰龙泉，一曰太阿。其夕，斗牛间气不复见焉。焕以南昌西山北岩下土以拭剑，光芒艳发。大盆盛水，置剑其上，视之者精芒炫目。遣使送一剑并土与华，留一自佩。或谓焕曰：'得两送一，张公岂可欺乎？'焕曰：'本朝将乱，张公当受其祸。此剑当系徐君墓树耳。灵异之物，终当化去，不永为人服也。'华得剑，宝爱之，常置坐侧。华以南昌土不如华阴赤土，报焕书曰：'详观剑文，乃干将也，莫邪何复不至？虽然，天生神物，终当合耳。'因以华阴土一斤致焕。焕更以拭剑，倍益精明。华诛，失剑所在。焕卒，子华为州从事，持剑行经延平津，剑忽于腰间跃出堕水，使人没水取之，不见剑，但见两龙各长数丈，蟠萦有文章，没者惧而反。须臾光彩照水，波浪惊沸，于是失剑。华叹曰：'先君化去之言，张公终合之论，此其验乎！'"

⑦吕虔（qián）刀：三国魏刺史吕虔有一宝刀，铸工相之，以为必三公始可佩带。吕虔以此刀赠王祥。王祥后位列三公。王祥临终，复以此刀授弟王览。览后仕至大中大夫。后遂以"吕虔刀"为宝刀之美称。事见《晋书·王祥传》："初，吕虔有佩刀，工相之，以为必登三公，可服此刀。虔谓祥曰：'苟非其人，刀或为害。卿有公辅之量，故以相与。'祥固辞，强之乃受。祥临薨，以刀授览，曰：'汝后必兴，足称此刀。'览后奕世多贤才，兴于江左矣。"

⑧一椽（chuán）：一条椽子，亦借指一间小屋。《魏书·任城王传》："居无一椽之室，家阙儋石之粮。"

⑨百尺楼：泛指高楼。典出《三国志·魏志·陈登传》："氾（许氾）曰：'昔遭乱过下邳，见元龙（陈登）。元龙无客主之意，久不相与

语,自上大床卧,使客卧下床。'备(刘备)曰:'君有国士之名,今天下大乱,帝主失所,望君忧国忘家,有救世之意,而君求田问舍,言无可采,是元龙所讳也。何缘当与君语? 如小人,欲卧百尺楼上,卧君于地,何但上下床之间邪?'"

⑩李白:见前注。秉(bǐng)笔:执笔。《国语·晋语九》:"臣以秉笔事君。"

⑪刘伶(líng):字伯伦,生卒年不详,沛国(今安徽淮北)人。魏晋之际名士,"竹林七贤"之一。魏末曾官建威参军。酷爱喝酒,肆意放荡,蔑视礼法,崇尚无为。《晋书·刘伶列传》:"刘伶,字伯伦,沛国人也。身长六尺,容貌甚陋。放情肆志,常以细宇宙齐万物为心。澹默少言,不妄交游,与阮籍、嵇康相遇,欣然神解,携手入林。初不以家产有无介意。常乘鹿车,携一壶酒,使人荷锸而随之,谓曰:'死便埋我。'其遗形骸如此。尝渴甚,求酒于其妻。妻捐酒毁器,涕泣谏曰:'君酒太过,非摄生之道,必宜断之。'伶曰:'善! 吾不能自禁,惟当祝鬼神自誓耳。便可具酒肉。'妻从之。伶跪祝曰:'天生刘伶,以酒为名。一饮一斛,五斗解酲。妇儿之言,慎不可听。'仍引酒御肉,隗然复醉。"铺(bū)糟:饮酒,吃酒糟。酒糟,造酒剩下的渣滓。典出《楚辞·渔父》:"众人皆醉,何不铺其糟而歠其醨?"

⑫礼别尊卑:礼仪是用来区别地位高低的。此四字出自梁周兴嗣《千字文》。

⑬拱(gǒng)北:指天上的星星环绕拱卫北极星。语出《论语·为政》:"子曰:'为政以德,譬如北辰,居其所而众星共之。'"

⑭朝(cháo)东万水:出自《荀子·宥坐》:"孔子观于东流之水,子贡问于孔子曰:'君子之所以见大水必观焉者是何?'孔子曰:'夫水,大遍与诸生而无为也,似德。其流也埤下,裾拘必循其理,似义。其洸洸乎不淈尽,似道。若有决行之,其应佚若声响,其赴百仞之谷不惧,似勇。主量必平,似法。盈不求概,似正。淖

约微达,似察。以出以入,以就鲜洁,似善化。其万折也必东,似
志。是故君子见大水必观焉。'"子贡问孔子为什么看见大河就
要观看,孔子回答子贡,说是因为水流有多种优秀品质,其中一
条为"其万折也必东,似志"。又《诗经·小雅·沔水》云:"沔
彼流水,朝宗于海。"《汉乐府·长歌行》:"百川东到海。"故,宋
李复《戏酬杨次公》诗云:"百川万折必朝宗,东南到海无分别。"
万水,指数以万计的河流。

## 【译文】

惩罚对奖赏,批评对夸奖。

破旧的斧头对出征穿的战袍。

梧桐树对橘柚树,借喻处境艰难险恶的枳棘对借指居处荒远萧条
的蓬蒿。

雷焕献宝剑给张华,吕虔送佩刀给王祥。

橄榄对葡萄。

小小的书舍只有一间,高高的酒楼约有百尺。

李白擅长作诗,所以经常拿着笔写;刘伶酷爱喝酒,往往啜饮滤酒
之后的渣滓。

礼有尊卑的分别,闪烁的星斗都拱绕着北极星;地势有高低的区
别,滚滚江河都向东海奔流。

## （三）

瓜对果,李对桃。

犬子对羊羔[①]。

春分对夏至[②],谷水对山涛[③]。

双凤翼[④],九牛毛[⑤]。

主逸对臣劳[⑥]。

水流无限阔,山耸有余高。

雨打村童新牧笠⑦,尘生边将旧征袍。

俊士居官⑧,荣引鹓鸿之序⑨;忠臣报国,誓殚犬马之劳⑩。

**【注释】**

①犬子:幼犬。

②春分:二十四节气之一。每年在公历3月20日或21日。此日,太阳直射赤道,南北半球昼夜长短平分,故称。汉董仲舒《春秋繁露·阴阳出入上下》:"至于仲春之月,阳在正东,阴在正西,谓之春分。春分者,阴阳相半也,故昼夜均而寒暑平。"夏至:二十四节气之一。在公历6月21日或22日。这天北半球昼最长,夜最短;南半球则相反。至,指阳气至极,阴气始至和日行北至。《周礼·春官·冯相氏》"冬夏致日",汉郑玄注:"夏至,日在东井,景尺五寸。"

③谷水:山谷间的流水。山涛:山涧中的洪水。此处,"山涛"与"谷水"相对,不是人名。

④双凤翼:一双凤凰(比翼齐飞)的翅膀。多用以比喻夫妻成双成对。古诗文习用语。唐卢纶《王评事驸马花烛诗》其四:"比翼和鸣双凤皇,欲栖(一作"玉梅")金帐满城香。"宋李之仪《万年欢》:"须知最难得处,双双凤翼,一对和鸣。"宋晁补之《顺之将携室行而苦雨用前韵戏之》:"王郎行李望秋晴,莫污北飞双凤翼。"

⑤九牛毛:即九牛一毛,九条牛身上的一根毛,比喻极其微小,微不足道。语出汉司马迁《报任少卿书》:"假令仆伏法受诛,若九牛亡一毛,与蝼蚁何以异?"

⑥主逸、臣劳:君主安逸,臣下辛劳。为古代中国政治学所提倡。汉班固《白虎通义·天地》:"君舒臣疾,卑者宜劳。"《白虎通义·日

月》："而日行迟,月行疾何?君舒臣劳也。"

⑦笠(lì):用竹篾等编制成的遮阳挡雨的帽子。

⑧俊士:周代称选取入太学者。《礼记·王制》："命乡论秀士,升之司徒,曰选士。司徒论选士之秀者,而升之学,曰俊士。"唐代为取士科目之一。《新唐书·选举志上》："其科之目,有秀才,有明经,有俊士,有进士,有明法,有明字,有明算……此岁举之常选也。"泛指才智杰出的人。

⑨鹓(yuān)鸿之序:鹓雏、鸿雁一起飞的时候排列有序,比喻朝臣百官的行列。南朝梁庾肩吾《九日侍宴乐游苑应令》："雕材滥杞梓,花绶接鹓鸿。"

⑩殚(dān):尽,竭尽。犬马之劳:愿像犬马那样为君主奔走效力,表示心甘情愿受人驱使,为人效劳。

**【译文】**

瓜对果,李子对桃子。

小狗对小羊。

春分对夏至,山谷的小溪对山涧的大水。

一双凤凰比翼齐飞的翅膀,九头牛身上的毛。

君主安逸对大臣辛劳。

流淌的河水十分广阔,耸立的山峰非常高大。

雨点敲打着牧童的新斗笠,尘土落在边关将士的旧战袍上。

优秀的人做官,光荣地引领朝廷班行;忠臣报效国家,下决心竭尽自己的全力。

# 下平五歌

**【题解】**

本篇共三段,皆为韵文。每段韵文,由若干句对仗的联语组成。每句皆押"平水韵"下平声"五歌"韵。

本篇每句句末的韵脚字，"河""萝""歌""磨""荷""搓""柯""波"
"多""驼""鹅""科""颇""和""蓑"等，在传统诗韵（"平水韵"）里，都归属
于下平声"五歌"这个韵部。这些字，在普通话里，韵母是"o""uo"或
"e"；声调有读第一声的，有读第二声的。

本篇第三段长对"林下风生，黄发村童推牧笠；江头日出，皓眉溪叟
晒渔蓑"这一句中，"黄发村童"四字连用。自先秦至唐宋诗文用例，"黄
发"皆指长寿老人。"黄发"指幼童，则在明清以降。此亦可见《声律启
蒙》语汇有明清时代烙印。

# （一）

山对水，海对河。

雪竹对烟萝①。

新欢对旧恨②，痛饮对高歌。

琴再抚，剑重磨。

媚柳对枯荷③。

荷盘从雨洗④，柳线任风搓⑤。

饮酒岂知敧醉帽⑥，观棋不觉烂樵柯⑦。

山寺清幽，直踞千寻云岭⑧；江楼宏敞⑨，遥临万顷烟波。

**【注释】**

①雪竹：雪中之竹。因竹在雪中更显苍翠，故名。古诗文习用语。
　唐郑谷《送进士韦序赴举》："秋山晚水吟情远，雪竹风松醉格
　高。"烟萝：雾霭中的藤萝随风飘荡，远望与青烟浑然一体，故名。

②新欢：新的欢乐，新的欢快。南朝宋谢灵运《道路忆山中》："怀故
　叵新欢，含悲忘春暖。"亦指新的情人或恋人。南朝陈后主《同管
　记陆琛七夕五韵诗》："故娇隔分别，新欢起旧情。"后一义项更为

常用。但本篇与"旧恨"对偶，当取前一义项。旧恨：旧有的仇恨。

③媚（mèi）柳：妩媚的柳枝。因柳条妩媚，故称"媚柳"。古诗文习用语。宋张孝祥《生查子》："远山眉黛横，媚柳开青眼。"

④荷盘：指荷叶。荷叶形圆，似盘，故名。古诗文习用语。宋陆游《南堂与儿辈夜坐》："鹊影绕枝栖未稳，荷盘擎露重相扶。"从：任从。

⑤柳线：柳条细长下垂如线，故名。南朝梁范云《送别》："东风柳线长，送郎上河梁。"搓：因柳条细如丝线，故云风搓柳。古诗文习用语。宋陆游《偶思蜀道有赋》："天回驿畔江如染，凤集城边柳似搓。"

⑥欹（qī）醉帽：喝醉酒后帽子歪斜半落。欹，歪，侧。魏晋南北朝时人以纵情饮酒、不知帽子歪斜掉落为洒脱之象征。《世说新语》载山简倒戴帽子，《晋书》载孟嘉帽子被风吹落而不知，《周书》《北史》载独孤信侧帽狩猎，皆为时人津津乐道。山简事见《世说新语·任诞》："山季伦（山简）为荆州，时出酣畅。人为之歌曰：'山公时一醉，径造高阳池。日莫倒载归，茗艼（酩酊）无所知。复能乘骏马，倒着白接篱。举手问葛强，何如并州儿？'"《晋书·山简传》亦有记载。孟嘉事见《晋书·孟嘉传》："后为征西桓温参军，温甚重之。九月九日，温燕龙山，僚佐毕集。时佐吏并着戎服，有风至，吹嘉帽堕落，嘉不之觉。温使左右勿言，欲观其举止。嘉良久如厕，温令取还之，命孙盛作文嘲嘉，着嘉坐处。嘉还见，即答之，其文甚美，四坐嗟叹。嘉好酣饮，愈多不乱。温问嘉：'酒有何好？而卿嗜之？'嘉曰：'公未得酒中趣耳。'"独孤信事见《周书·独孤信传》："又信在秦州，尝因猎日暮，驰马入城，其帽微侧。诘旦，而吏民有戴帽者，咸慕信而侧帽焉。其为邻境及士庶所重如此。"

⑦烂樵柯（qiáo kē）：典出南朝梁任昉《述异记》："信安郡石室山，晋时王质伐木至，见童子数人，棋而歌，质因听之。童子以一物与质，如枣核。质舍之，不觉饥。俄顷，童子谓曰：'何不去？'质起视，斧柯尽烂。既归，无复时人。"后以"烂柯"谓岁月流逝，人事变迁。柯，斧柄。

⑧千寻：形容极高或极长。古以八尺为一寻。古诗文习用语。晋左思《吴都赋》："擢本千寻，垂荫万亩。"云岭：高耸入云的山峰。古诗文习用语。晋江逌《咏秋诗》："鸣雁薄云岭，蟋蟀吟深榭。"

⑨宏敞：高大宽敞。《旧五代史·晋书·张筠传》："及罢归之后，第宅宏敞，花竹深邃，声乐饮馔，恣其所欲。"

**【译文】**

青山对绿水，大海对小河。

雪中的竹子对如烟似雾的藤萝。

眼前的欢喜对过去的仇恨，畅快地喝酒对大声地唱歌。

再次弹奏琴弦，重新磨快宝剑。

柔媚的柳枝对干枯的荷叶。

荷叶在雨中得到清洗，柳丝任由风儿吹拂。

喝酒的人，怎么会知道自己的帽子歪斜了；看仙人下棋，不曾发觉自己的斧柄腐烂了。

清幽的佛寺坐落在高高的山上，宽敞的楼阁正对着无边的江水。

# （二）

繁对简，少对多。

里咏对途歌①。

宦情对旅况②，银鹿对铜驼③。

刺史鸭④，将军鹅⑤。

玉律对金科⑥。

古堤垂嬋柳⑦，曲沼长新荷⑧。

命驾吕因思叔夜⑨，引车蔺为避廉颇⑩。

千尺水帘，今古无人能手卷；一轮月镜，乾坤何匠用功磨。

## 【注释】

①里咏：里巷吟咏的诗歌。里，里巷。咏，声调抑扬的念诵或歌唱。途歌：路上所唱的歌谣。里咏、途歌，皆泛指在民间流传广泛的歌谣。南朝梁沈约《齐故安陆昭王碑》："老安少怀，涂歌里咏。莫不欢若亲戚，芬若椒兰。"

②宦（huàn）情：做官的志趣、意愿。亦指做官的心情。古诗文习用语。唐柳宗元《柳州二月榕叶落尽偶题》："宦情羁思共悽悽，春半如秋意转迷。"旅况：旅途的情怀或景况。古诗文习用语。宋王安石《沂溪怀正之》："世情纷可怪，旅况浩难安。"

③银鹿：银铸的鹿。为奢侈品摆件。《太平广记·奢侈二·同昌公主》："咸通九年，同昌公主出降，宅于广化里，锡钱五百万贯。更罄内库珍宝，以实其宅。而房栊户牖，无不以众宝饰之。更以金银为井栏药臼、食柜水槽、铛釜盆瓮之属，镂金为笊篱箕筐。制水晶火齐琉璃玳瑁等为床，揩以金龟银鹿。更琢五色玉为器皿什物，合百宝为圆案。"《资治通鉴·后晋纪三》："（吴越恭穆夫人马氏）常置银鹿于帐前，坐诸儿于上而弄之。"古诗词常以"银鹿"用作妇女宠爱抚育儿孙之典。宋朱松《记草木杂诗七首·萱草》："诸孙绕银鹿，采摘动盈把。"宋王迈《贺新郎·为后村母夫人寿》："人世福、夫人兼五。银鹿诸孙来定省，对金屏、绣幕辉云母。"另据唐李肇《唐国史补》："颜鲁公之在蔡州，再从侄岘家僮银鹿始终随之。"因颜真卿侄儿家仆人名"银鹿"，后遂以"银鹿"代指仆人。但此处，"银鹿"与"铜驼"相对，不必解作仆人。铜

驼（tuó）：铜铸的骆驼。西晋索靖预知天下即将大乱，曾经指着洛阳宫门口的铜骆驼说，将来会看到你在乱草丛中。后人用"泣铜驼"指对国家人民遭劫难感到悲伤。典出《晋书·索靖传》："（索）靖有先识远量，知天下将乱，指洛阳宫门铜驼，叹曰：'会见汝在荆棘中耳！'"

④刺史鸭：唐杭州刺史李远喜吃绿头鸭，故云。宋王谠《唐语林》："李远为杭州刺史，嗜啖绿头鸭。贵客经过，无他馈饷，相厚者乃绿头鸭一对而已。"（《类说·语林》题作《嗜绿头鸭》）元辛文房《唐才子传》："远，字求古，大和五年杜陟榜进士及第，蜀人也。少有大志，夸迈流俗，为诗多逸气，五彩成文。早历下邑，词名卓然。宣宗时，宰相令狐绹进奏拟远杭州刺史，上曰：'朕闻远诗有"青山不厌千杯酒，白日惟销一局棋"，是疏放如此，岂可临郡理人？'绹曰：'诗人托此以写高兴耳，未必实然。'上曰：'且令往观之。'至，果有治声。性简俭，嗜啖凫鸭。贵客经过，无他赠，厚者绿头一双而已。后历忠、建、江三州刺史，仕终御史中丞。"旧注云"韦应物为刺史，畜鸭，号鸭为绿头公子"，恐非。

⑤将军鹅：晋代书法家王羲之官至右将军，生性爱鹅，故云。事见《晋书·王羲之传》："性爱鹅，会稽有孤居姥养一鹅，善鸣，求市未能得，遂携亲友命驾就观。姥闻羲之将至，烹以待之，羲之叹惜弥日。又山阴有一道士，养好鹅，羲之往观焉，意甚悦，固求市之。道士云：'为写《道德经》，当举群相赠耳。'羲之欣然写毕，笼鹅而归，甚以为乐。其任率如此。"

⑥玉律、金科：即金科玉律，指不可变更的法令或规则。后多比喻不可变更的信条。

⑦軃（duǒ）柳：垂柳。軃，下垂。古诗文习用语。唐白居易《酬郑侍御多雨春空过诗三十韵》："楚柳腰肢軃，湘筠涕泪滂。"

⑧曲沼（qū zhǎo）：见前注。

⑨命驾吕因思叔夜：本句典出《晋书·嵇康传》："东平吕安服康高致，每一相思，辄千里命驾，康友而善之。"魏晋之际的吕安与嵇康关系很好，每当思念嵇康的时候，吕安就命人驾车，不远千里去见他。命驾，命人驾车马，也指乘车出发。吕，指吕安（？—262），字仲悌，东平（今属山东）人。镇北将军吕昭次子，吕巽弟，与嵇康为好友。吕巽淫安之妻，又诬安不孝。吕安引嵇康为证明，为锺会构陷，与嵇康同为司马昭所杀。叔夜，指嵇康（223—262），字叔夜，谯郡铚（今安徽濉溪）人。其妻长乐亭主，为曹操曾孙女。齐王芳正始年间，嵇康任中散大夫，故世称"嵇中散"。后隐居不仕，与阮籍等交游，为"竹林七贤"之一。崇尚老庄，声言"非汤武而薄周孔"，主张"越名教而任自然"，拒绝山涛推荐，自谓不堪做官。精音律，善鼓琴。友人吕安被兄吕巽诬陷，嵇康为之辩解，遭锺会构陷，为司马昭所杀。

⑩引车蔺（lìn）为避廉颇（lián pō）：本句典出《史记·廉颇蔺相如列传》："以相如功大，拜为上卿，位在廉颇之右。廉颇曰：'我为赵将，有攻城野战之大功，而蔺相如徒以口舌为劳，而位居我上，且相如素贱人，吾羞，不忍为之下。'宣言曰：'我见相如，必辱之。'相如闻，不肯与会。相如每朝时，常称病，不欲与廉颇争列。已而相如出，望见廉颇，相如引车避匿。"战国时赵国大将廉颇忌恨蔺相如官位在己之上，扬言要羞辱他。蔺相如知道后，每次外出遇到廉颇便引车避让。家人不以为然，相如说，这样做不是因为怕廉颇，而是以国家利益为先，以个人恩怨为后。廉颇听说后深感惭愧，于是负荆登门向蔺相如请罪。引车，调转车行方向。蔺，蔺相如，战国时赵国相。见前注。廉颇，战国时赵国名将，生卒年不详。赵惠文王时为将，后升上卿。屡次战胜齐、魏等国。秦赵长平之战时，任赵国统帅，坚壁固守，使秦出师三年，劳而无功。后因赵中秦反间计，改用赵括为将，致遭大败。赵孝成王十

五年，燕发大军攻赵，颇率军反击，杀燕将栗腹，进围燕都，燕割
五城求和。因功封于尉文，为信平君，任假相国。赵悼襄王时，
使乐乘代之。奔魏居大梁，后老死于楚。

**【译文】**

复杂对简单，少对多。

百姓的诗对路人的歌。

做官的情形对漂泊的境况，银制的鹿对铜铸的骆驼。

唐朝刺史李远喜欢鸭，晋代右将军王羲之爱养鹅。

固定的律法对不变的规定。

古老的堤岸上种着垂柳，曲折的池塘里长着荷花。

吕安因为思念嵇康，所以教人准备车马；蔺相如为了躲避廉颇，所
以让车夫刻意避开。

千尺长的水帘，从古到今没人能够卷起来；一轮明镜样的月亮，是
天地间哪一位工匠打磨的？

# （三）

霜对露，浪对波。

径菊对池荷①。

酒阑对歌罢②，日暖对风和。

梁父咏③，楚狂歌④。

放鹤对观鹅⑤。

史才推永叔⑥，刀笔仰萧何⑦。

种橘犹嫌千树少⑧，寄梅谁信一枝多⑨。

林下风生，黄发村童推牧笠⑩；江头日出，皓眉溪叟晒
渔蓑⑪。

## 【注释】

①径菊：开在小径边的菊花。语本晋陶渊明《归去来兮辞》："三径就荒，松菊犹存。"后遂成为古诗文习用语。宋杨万里《和同年李子西通判》："病身只作家山梦，径菊诗葩两就荒。"

②酒阑（lán）：谓酒筵将尽。《史记·高祖本纪》："酒阑，吕公因目固留高祖。"南朝宋裴骃集解引汉末文颖曰："阑言希也。谓饮酒者半罢半在，谓之阑。"阑，残，尽。古诗文习用语。唐杜甫《魏将军歌》："吾为子起歌《都护》，酒阑插剑肝胆露。"歌罢：指歌唱完了。古诗文习用语。五代前蜀毛文锡《恋情深》其二："酒阑歌罢两沉沉，一笑动君心。"

③梁父（fǔ）咏：即《梁父吟》，亦作《梁甫吟》，乐府楚调曲名。梁父，山名，在泰山下。《梁甫吟》，盖言人死葬此山，亦为葬歌。《三国志·蜀志·诸葛亮传》："亮躬耕陇亩，好为《梁父吟》。"今传诸葛亮所作《梁父吟》辞，乃述春秋齐相晏婴二桃杀三士事；李白所作辞，则抒写其抱负不能实现的悲愤。东汉张衡《四愁诗》："我所思兮在太山，欲往从之梁父艰。"乃以梁父喻奸邪小人。诸葛亮好为《梁父吟》，应为寄托澄清天下之志。

④楚狂：指陆通，字接舆，春秋末年楚国人。因为楚昭王政令无常，所以他披发装狂不愿做官，曾唱着歌经过孔子身边。故人称之楚狂。《论语·微子》："楚狂接舆歌而过孔子曰：'凤兮凤兮，何德之衰！往者不可谏，来者犹可追。已而已而！今之从政者殆而！'"

⑤放鹤：放飞仙鹤。《世说新语·言语》："支公好鹤，住剡东岇山。有人遗其双鹤，少时翅长欲飞。支意惜之，乃铩其翮。鹤轩翥不复能飞，乃反顾翅，垂头，视之如有懊丧意。林曰：'既有凌霄之姿，何肯为人作耳目近玩？'养令翮成，置使飞去。"又，《宋人轶事汇编》载："林逋隐居孤山，常畜两鹤，纵之则飞入云霄，盘旋久

之,复入笼内。逋常泛小艇,游西湖诸寺。有客至,则一童子出应门,延客坐,为开笼放鹤,良久,逋必棹小舟返。盖常以鹤飞为验也。"古人养鹤之法,每于特定时间将鹤从笼中放出,任其自由活动一段时间。唐宋以来,"放鹤"成为隐居修道高雅生活的一种象征。宋人苏轼曾为张天骥著《放鹤亭记》。观鹅:王羲之爱看鹅。见前注。

⑥永叔:即北宋欧阳修(1007—1072),字永叔,号醉翁、六一居士,庐陵(今江西吉安)人。仁宗天圣八年(1030)进士。历仕仁宗、英宗、神宗三朝,官至枢密副使、参知政事。早年曾支持范仲淹改革,晚年反对王安石新法。仁宗嘉祐二年(1057)知贡举,录取苏轼、苏辙、曾巩等人,倡古文,排抑"太学体",对北宋文风转变有很大影响。欧阳修是北宋文坛古文运动的代表人物,诗词文各体俱佳。亦擅史学,与宋祁等修《新唐书》,自撰《新五代史》。著作有《欧阳文忠公集》《集古录》《六一词》等。

⑦刀笔:古代书写工具。古时书写于竹简,有误则用刀削去重写。借指文章,亦指法律案牍、诉讼文字。刀笔吏,指掌文案的官吏。萧何(?—前193):西汉开国功臣,泗水沛(今江苏沛县)人。初为沛主吏掾。从刘邦入关,收秦相府律令图书藏之,以是知天下关塞险要,郡县户口。刘邦王汉中,以何为丞相。又荐韩信为大将。楚汉相拒,留守关中,转输士卒粮饷,使军中给食不乏。刘邦称帝,论何功第一,封酂侯。后定律令制度,协助高祖消灭陈豨、韩信、黥布等,封相国。高祖死后,事惠帝,病危时荐曹参继相。卒谥文终。

⑧种橘(jú):三国时期吴国丹阳太守李衡让人在宅边种千棵橘树,他家后人因此生活富裕。《三国志·吴书·三嗣主·孙休传》:"又诏曰:'丹阳太守李衡,以往事之嫌,自拘有司。夫射钩斩袪,在君为君,遣衡还郡,勿令自疑。'"南朝宋裴松之注引《襄阳记》

曰:"衡每欲治家,妻辄不听,后密遣客十人于武陵龙阳汜洲上作宅,种甘橘千株。临死,敕儿曰:'汝母恶我治家,故穷如是。然吾州里有千头木奴,不责汝衣食,岁上一匹绢,亦可足用耳。'衡亡后二十余日,儿以白母,母曰:'此当是种甘橘也,汝家失十户客来七八年,必汝父遣为宅。汝父恒称太史公言:"江陵千树橘,当封君家。"吾答曰:"且人患无德义,不患不富,若贵而能贫,方好耳,用此何为!"'吴末,衡甘橘成,岁得绢数千匹,家道殷足。"

⑨寄梅:据《荆州记》记载,陆凯曾经从江南寄梅花给在长安的范晔,并附诗一首,曰:"折花逢驿使,寄与陇头人。江南无所有,聊赠一枝春。"详见前注。

⑩黄发:本指长寿的老人。老年人头发由白转黄,遂用以泛指老年人。《诗经·鲁颂·闵宫》:"黄发台背,寿胥与试。"汉郑玄笺:"黄发台背,皆寿征也。"《尚书·秦誓》:"虽则云然,尚猷询兹黄发,则罔所愆。"自先秦至唐宋诗词,黄发皆指长寿老人。黄发指幼童,则在明清以降。清蒲松龄《聊斋志异·董生》:"君不忆东邻之黄发女乎?屈指移居者,已十年矣。尔时我未笄,君垂髫也。"

⑪皓(hào)眉:白眉。长寿老者之相。

## 【译文】

霜花对露水,大浪对细波。

路边的菊花对池中的荷花。

酒喝到没有对歌唱到结束,太阳温暖对风儿柔和。

诸葛亮隐居时吟的诗,楚国狂士唱的歌。

放飞白鹤对观赏白鹅。

能写史书的人才要推欧阳修,精通文书的官吏要数萧何。

人们还嫌李衡种的千棵橘树太少,谁也不会认为陆凯寄的一枝梅花是多余。

树林里起风时,放牧的黄发儿童戴上斗笠;太阳出来后,打鱼的白眉老人在溪边晾晒蓑衣。

# 下平六麻

## 【题解】

本篇共三段,皆为韵文。每段韵文,由若干句对仗的联语组成。每句皆押"平水韵"下平声"六麻"韵。

本篇每句句末的韵脚字,"麻""衙""鸦""茶""笳""花""纱""琶""洼""涯""沙""瓜""巴""霞""槎""砂"等,在传统诗韵("平水韵")里,都归属于下平声"六麻"这个韵部。这些字,在普通话里,韵母都含"a",有的带介音"i";声调有读第一声的,有读第二声的。

需要注意的是:"凹"字,今音"āo",诗韵("平水韵")收在下平"三肴"韵。但《红楼梦》一书明确提到"凹"字"俗念作'洼'"。"洼"字,诗韵恰在"六麻"部。又,《广韵》《集韵》等韵书,"凹""窊"二字互训。"窊"字,《佩文诗韵》收在"六麻"部。清人黄仲则《夹石》诗"双城落天半,倒影辨窊凸",《泥涂叹》诗"顿令如坻平,投足起窊凸",皆以"窊凸"代"凹凸"。由此可知,清人有"凹""窊"二字互相借代、读"凹"作"窊"的惯例。《声律启蒙》在字音方面,亦有明清时代特色。

# (一)

松对柏,缕对麻①。

蚁阵对蜂衙②。

赪鳞对白鹭③,冻雀对昏鸦④。

白堕酒⑤,碧沉茶⑥。

品笛对吹笳⑦。

秋凉梧堕叶,春暖杏开花。

雨长苔痕侵壁砌⑧，月移梅影上窗纱⑨。

飒飒秋风，度城头之筚篥⑩；迟迟晚照，动江上之琵琶⑪。

## 【注释】

① 缕（lǚ）：丝线。麻：麻绳。《孟子·滕文公上》："麻缕丝絮轻重同，则贾相若。"

② 蚁（yǐ）阵：蚂蚁爬行排成的队列，犹如军阵。蜂衙（yá）：指飞绕的蜂群或蜂巢。群蜂早晚聚集，簇拥蜂王，如旧时官吏到上司衙门排班参见。宋陆游《睡起至园中》："更欲世间同省事，勾回蚁阵放蜂衙。"

③ 赪（chēng）鳞：鱼的赤色鳞片，亦指鳞片赤色的鱼。赪，红色。《列仙传·吕尚》："吕尚隐钓，瑞得赪鳞。"

④ 冻雀：寒天受冻的鸟雀。《资治通鉴·唐昭宗天祐元年》："（春正月）甲子，车驾至华州，民夹道呼万岁，上泣谓曰：'勿呼万岁，朕不复为汝主矣！'馆于兴德宫，谓侍臣曰：'鄙语云："纥干山头冻杀雀，何不飞去生乐处。"朕今漂泊，不知竟落何所！'因泣下沾襟，左右莫能仰视。"后因以"冻雀唐昭"为典，指处于穷途末路境地的帝王。昏鸦：黄昏时受冷的乌鸦。古诗文习用语。唐杜甫《野望》："独鹤归何晚，昏鸦已满林。"

⑤ 白堕酒：北魏河东人刘白堕善酿酒，很多人不远千里买他的酒馈赠亲友，后世泛指美酒。北魏杨衒之《洛阳伽蓝记·城西·法云寺》："市西有退酤、治觞二里。里内之人多酝酒为业。河东人刘白堕善能酿酒。季夏六月，时暑赫晞，以罂贮酒，暴于日中，经一旬，其酒味不动。饮之香美，醉而经月不醒。京师朝贵多出郡登藩，远相饷馈，逾于千里。以其远至，号曰鹤觞，亦名骑驴酒。永熙年中，南青州刺史毛鸿宾赍酒之藩，路逢贼盗，饮之即醉，皆被擒获，因此复名擒奸酒。游侠语曰：'不畏张弓拔刀，唯畏白堕春醪。'"

⑥碧沉：泛指好茶。唐李德裕（一说曹邺）《故人寄茶》："半夜招僧至，孤吟对月烹。碧沉（一作"流"）霞脚碎，香泛乳花轻。"清周贻繁《木兰花慢·秋兴》："无计除烦遣闷，碧沉聊试茶瓯。"又，凡器物之浓绿或被漆、染为浓绿色者常冠以"绿沉"之名。唐杜甫《重过何氏五首》其四："雨抛金锁甲，苔卧绿沉枪。"后人诗词，遂以"绿沉枪"为语典。又明清以来，南方人喜绿茶，谓茶初生之芽为枪，次生之叶为旗，最重一枪一旗，次重一枪二旗。故文人或以"绿沉枪"移指茶枪。明成鹫《丹霞十二咏·虹桥环翠》："浅碧有时成藓阵，绿沉何处觅茶枪。"明末清初王夫之《南岳摘茶词十首（己亥）》其四："一枪才展二旗斜，万簇绿沉间五花。"明卢龙云《故人寄茶答黄将军》："白堕每邀山月上，绿沉闲卧野花香。"以绿沉茶对白堕酒，或即本篇所本。

⑦笳（jiā）：胡笳，中国古代北方民族的一种乐器，类似笛子。

⑧长：滋长，助长。苔（tái）痕侵壁砌：苔痕侵砌是古诗词常见意象。砌，指台阶、门槛，或石砌的院墙。宋王洋《和曾岌父庚伏书怀六首》其一："垣衣侵砌竹穿墙，日日萧条气运凉。"

⑨移：指月亮将花的影子投映到窗上。"月移花影"，是古诗词常见意象。唐无名氏《长信宫》："风引漏声过枕上，月移花影到窗前。"或即所本。

⑩筚篥（bì lì）：即觱篥。来自古代少数民族的一种管乐器。多用于军中。《北史·高丽传》："乐有五弦、琴、筝、筚篥、横吹、箫、鼓之属，吹芦以和曲。"宋庄季裕《鸡肋编》卷下："筚篥本名悲篥，出于胡中，其声悲。亦云胡人吹之以惊中国马云。"

⑪琵琶（pí pá）：一种弦乐器。下部是爪子形的盘，上部为长柄，四根弦。

**【译文】**

松树对柏树，丝线对麻绳。

蚂蚁爬行排成的队列对蜜蜂护卫蜂王排成的队伍。

红鳞鱼对白鹭鸟,挨冻的麻雀对黄昏的乌鸦。

刘白堕酿的美酒,名叫碧沉的香茶。

听笛子对吹胡笳。

秋天一冷梧桐就开始落叶,春季刚暖和杏树就早早开花。

在雨水的浸润下,苔藓在墙壁和台阶里迅速生长;随着月亮的移动,梅树的影子映照到纱窗上面。

飒飒秋风中,有人在城头吹起觱篥;柔和的黄昏中,江面上传来弹琵琶的声音。

# (二)

优对劣,凸对凹①。

翠竹对黄花。

松杉对杞梓②,菽麦对桑麻③。

山不断,水无涯。

煮酒对烹茶。

鱼游池面水,鹭立岸头沙。

百亩风翻陶令秫④,一畦雨熟邵平瓜⑤。

闲捧竹根⑥,饮李白一壶之酒⑦;偶擎桐叶⑧,啜卢仝七碗之茶⑨。

【注释】

① 凸(tū)、凹(wā):"凹"字读wā,是后起俗音。《广韵》《集韵》皆不收此音。《广韵》只收一音,是入声"洽部"字。《集韵》收二音,平、入两读,平声在"爻部",入声在"洽部"。则"凹"字平读,诗韵当在下平"三肴"。唐归仁《酬沈先辈卷》:"桂魄吟来满,蒲团坐得凹。先生声价在,寰宇几人抄。"乃下平"三肴"韵。历代

诗词用例，凡"凹"字在句末押韵，也都是下平"三肴"韵，而未见有"六麻"韵者。《中原音韵》收"凹"字三音，两在"萧豪部"，平、去二读；一在"家麻部"，读去声。古籍明确提到"凹"字读 wā 音（即在"六麻"部）的，有《红楼梦》一书。该书第七十六回"凸碧堂品笛感凄清，凹晶馆联诗悲寂寞"，写湘云与黛玉议论诗中用"凹"字，以湘云口吻说道："这山上赏月虽好，终不及近水赏月更妙。你知道这山坡底下就是池沿，山坳里近水一个所在就是凹晶馆。可知当日盖这园子时就有学问。这山之高处，就叫凸碧；山之低洼近水处，就叫作凹晶。这'凸''凹'二字，历来用的人最少。如今直用作轩馆之名，更觉新鲜，不落窠臼。可知这两处一上一下，一明一暗，一高一矮，一山一水，竟是特因玩月而设此处。有爱那山高月小的，便往这里来；有爱那皓月清波的，便往那里去。只是这两个字俗念作'洼''拱'二音，便说俗了，不大见用，只陆放翁用了一个'凹'字，说'古砚微凹聚墨多'，还有人批他俗，岂不可笑。""洼"字，诗韵恰在"六麻"部。又，《广韵》《集韵》等韵书，"凹""窊"二字互训，《广韵》"窊，凹也"，《集韵》"凹，窊也"。"窊"字，《广韵》收二音，平、去二读，平声在"麻韵"，去声在"祃韵"。《佩文诗韵》则只收一音，在"麻部"。由此可知，《红楼梦》提及的"凹"字俗音"洼"，当是借"窊"字之音。"凹""窊"二字既可互训，古人或有以"窊凸"代"凹凸"入诗者，如清黄仲则，其《夹石》诗云："双城落天半，倒影辨窊凸"，《泥涂叹》诗云："顿令如坻平，投足起窊凸。"结合《红楼梦》的议论和黄仲则诗用例来看，清人有"凹""窊"二字互相借代、读"凹"作"窊"的惯例。

② 杞（qǐ）梓（zǐ）：杞树和梓树，皆是优质木材。可用以比喻优秀人才。《左传·襄公二十六年》："晋卿不如楚，其大夫则贤，皆卿材也。如杞梓、皮革，自楚往也。虽楚有材，晋实用之。"晋杜预注："杞、梓皆木名。"《晋书·陆机陆云传论》："观夫陆机、陆云，实荆

衡之杞梓,挺珪璋于秀实,驰英华于早年。"

③菽(shū)麦:豆与麦。菽,豆类的总称。《诗经·豳风·七月》:
"黍稷重穋,禾麻菽麦。"因菽(豆)和麦是极常见的农作物,故不
辨菽麦用以比喻智力低下,缺乏基本认知能力。《左传·成公十
八年》:"周子有兄而无慧,不能辨菽麦。"《三国志·蜀志·彭羕
传》:"愚夫不为也,况仆颇别菽麦者哉!"桑麻:桑树和麻。植桑
饲蚕取茧和植麻取其纤维,是古代中国布料的两大来源,是极重
要的农业经济活动。故用以泛指农作物或农事。为古诗文习用
语。晋陶潜《归园田居》诗之二:"相见无杂言,但道桑麻长。"

④陶令秫(shú):陶渊明做彭泽县令的时候,曾经令公田全部种高
粱用来酿酒。典出《宋书·隐逸列传·陶潜》:"性嗜酒,而家贫
不能恒得。亲旧知其如此,或置酒招之,造饮辄尽,期在必醉,既
醉而退,曾不吝情去留。……亲老家贫,起为州祭酒,不堪吏职,
少日,自解归。州召主簿,不就。躬耕自资,遂抱羸疾,复为镇
军、建威参军,谓亲朋曰:'聊欲弦歌,以为三径之资,可乎?'执
事者闻之,以为彭泽令。公田悉令吏种秫稻,妻子固请种粳,乃
使二顷五十亩种秫,五十亩种粳。"《晋书·隐逸传》《南史·隐
逸传》亦载此事,而文字小有异同。陶令,指陶渊明。秫,黏高
粱,多用以酿酒。

⑤一畦(qí):古代称田五十亩为一畦。邵(shào)平瓜:秦东陵侯邵
平于秦亡之后,在长安城东种瓜,瓜味甜美,人称"邵平瓜"。典
出《史记·萧相国世家》:"汉十一年,陈豨反,高祖自将,至邯
郸。未罢,淮阴侯谋反关中,吕后用萧何计,诛淮阴侯,语在淮
阴事中。上已闻淮阴侯诛,使使拜丞相何为相国,益封五千户,
令卒五百人一都尉为相国卫。诸君皆贺,召平独吊。召平者,故
秦东陵侯。秦破,为布衣,贫,种瓜于长安城东,瓜美,故世俗谓
之'东陵瓜',从召平以为名也。召平谓相国曰:'祸自此始矣。上

暴露于外而君守于中,非被矢石之事而益君封置卫者,以今者淮阴侯新反于中,疑君心矣。夫置卫卫君,非以宠君也。愿君让封勿受,悉以家私财佐军,则上心说。'相国从其计,高帝乃大喜。"《汉书·萧何曹参传》亦载此事。后世因以"邵平瓜"美称退官之人的闲居生活。唐杨炯《送李庶子致仕还洛》:"亭逢李广骑,门接邵平瓜。"

⑥竹根:这里指竹根制作的酒器。北周庾信《奉报赵王惠酒》:"野炉然树叶,山杯捧竹根。"唐李贺《始为奉礼忆昌谷山居》:"土甑封茶叶,山杯镣竹根。"清王琦汇解:"《太平寰宇记》:'段氏《蜀记》云,巴州以竹根为酒注子,为时珍贵。'"

⑦李白一壶之酒:唐代诗人李白有"花间一壶酒,独酌无相亲"的诗句。

⑧擎(qíng):举。桐叶:即铜叶,薄铜片。凡器物以薄铜片镶嵌、制作者,皆可名"铜叶"。唐李肇《国史补》及宋王谠《唐语林》皆言及惠远于庐山取铜叶制莲花漏事。以铜叶盏为茶器,见宋人诗。宋苏轼《次韵蒋颖叔、钱穆父从驾景灵宫二首》其二:"病贪赐茗浮铜叶,老怯香泉泛宝樽。"清王文诰辑注引宋赵次公曰:"铜叶,言茶盏也。"引清查慎行(《苏诗补注》)曰:"程大昌《演繁露》:'御前赐茶,皆不用建盏,用大汤氅。其制像铜叶汤氅耳。铜叶,黄褐色也。'"宋魏了翁《鲁提干(献子)以诗惠分茶碗用韵为谢》:"铜叶分花春意闹,银瓶发乳雨声高。"宋孔平仲《梦锡惠墨答以蜀茶》:"开缄碾泼试一尝,尤称君家铜叶盏。"皆可证之。但后人又往往将"铜叶"写作"桐叶",《佩文斋咏物诗选》本孔平仲诗,"铜叶"即作"桐叶"。明朱诚泳《雪夜》:"竹炉火正红,玉碗浮桐叶",亦作"桐叶"。可见明清人有将"铜叶"盏写作"桐叶"盏的习惯。《声律启蒙》此处,既与"竹根"对偶,索性就将"铜叶"写作"桐叶"了。

⑨啜(chuò):喝。卢仝(lú tóng)七碗之茶:卢仝为中唐诗人,他写

过《走笔谢孟谏议寄新茶》一诗,说自己连喝了孟简寄赠的新茶六碗,到第七碗就吃不得了,"唯觉两腋习习清风生"。

**【译文】**

优秀对糟糕,凸起对凹陷。

绿色的竹子对黄色的菊花。

松树和杉树对杞树和梓树,豆与麦对桑和麻。

山岭连绵不断,水流广阔无边。

煮酒对煎茶。

鱼在池水中游动,鹭鸶在沙岸上停留。

风吹过陶渊明种的百亩高粱,雨催熟了邵平种的一畦瓜。

有空的时候就捧着竹根杯,像李白那样在花间喝一壶酒;偶尔也举着桐叶盏,像卢仝那样啜饮七碗香茶。

# （三）

吴对楚①,蜀对巴②。

落日对流霞。

酒钱对诗债③,柏叶对松花④。

驰驿骑⑤,泛仙槎⑥。

碧玉对丹砂。

设桥偏送笋⑦,开道竟还瓜⑧。

楚国大夫沉汨水⑨,洛阳才子谪长沙⑩。

书簏琴囊⑪,乃士流活计⑫;药炉茶鼎⑬,实闲客生涯。

**【注释】**

①吴、楚:皆先秦古国名。吴据有今江苏、上海大部和安徽、浙江的一部分。楚国在战国时期疆域最大,由湖北、湖南扩展到今河

南、安徽、江苏、浙江、江西和四川。

②蜀（shǔ）、巴：皆先秦古族、古国名。蜀，主要分布在今四川西部。巴，主要分布在今重庆及川东、鄂西一带。

③酒钱：饮酒或买酒的钱。汉贾谊《新书·匈奴》："上乃幸自御此薄，使付酒钱。"宋苏轼《小儿》："大胜刘伶妇，区区为酒钱。"诗债：谓他人索诗或要求和作，未及酬答，如同负债。唐白居易《晚春欲携酒寻沈四著作先以六韵寄之》："顾我酒狂久，负君诗债多。"自注："沈前后惠诗十余首，春来多醉，竟未酬答，今故云尔。"

④松花：松树的花。唐李白《酬殷明佐见赠五云裘歌》："轻如松花落金粉，浓似锦苔含碧滋。"明李时珍《本草纲目·木一·松》："松花，别名松黄……润心肺，益气，除风止血。亦可酿酒。"

⑤驿骑（yì jì）：驿站的马。见前注。

⑥仙槎（chá）：神话中能来往于海上和天河之间的竹木筏。典出晋张华《博物志》："旧说云天河与海通，近世有人居海渚者，年年八月有浮槎去来不失期。"后亦借称行人所乘之舟。古诗文习用语。

⑦设桥偏送笋（sǔn）：指南朝梁人范元琰为偷笋的人搭桥，使得小偷把笋又送回来一事。事见《梁书·处士传·范元琰》："家贫，唯以园蔬为业。尝出行，见人盗其菜，元琰遽退走，母问其故，具以实答。母问盗者为谁，答曰：'向所以退，畏其愧耻。今启其名，愿不泄也。'于是母子秘之。或有涉沟盗其笋者，元琰因伐木为桥以渡之。自是盗者大惭，一乡无复草窃。"《南史·隐逸传》亦载此事。

⑧开道竟还瓜：晋人桑虞为偷瓜的人开辟道路，使得小偷把瓜还了回来。《晋书·孝友传·桑虞》："虞有园在宅北数里，瓜果初熟，有人逾垣盗之。虞以园援多棘刺，恐偷见人惊走而致伤损，乃使奴为之开道。及偷负瓜将出，见道通利，知虞使除之，乃送所盗

瓜,叩头请罪。虞乃欢然,尽以瓜与之。"

⑨楚国大夫:指屈原,他曾是楚国的三闾大夫,因为与当权者政见不合,多次被贬谪,后来自投汨罗江而死。《史记·屈原贾生列传》载屈原"于是怀石遂自沉汨罗以死"。汨(mì)水:汨罗江,湖南北部的一条河。东源出于江西修水境,西源出于湖南平江境,流经汨罗,在湘阴入洞庭湖。

⑩洛阳才子:指汉代贾谊,因其是洛阳人,少年有才,故称。语出晋潘岳《西征赋》:"终童山东之英妙,贾生洛阳之才子。"谪(zhé)长沙:指贾谊曾被贬为长沙王太傅一事。《史记·屈原贾生列传》:"于是天子议以为贾生任公卿之位。绛、灌、东阳侯、冯敬之属尽害之,乃短贾生曰:'洛阳之人,年少初学,专欲擅权,纷乱诸事。'于是天子后亦疏之,不用其议,乃以贾生为长沙王太傅。"

⑪书箧(qiè):竹制书箱。

⑫士流:指文化人、读书人。活计:赖以维持生计的手艺。

⑬茶鼎:煮茶炉的雅称。古诗文习用语。唐司空图《偶诗五首》其五:"中宵茶鼎沸时惊,正是寒窗竹雪明。"

## 【译文】

吴国对楚国,蜀郡对巴地。

落山的太阳对飘散的云霞。

买酒的钱对欠的诗债,柏树叶子对松树的花。

骑着驿站的马飞奔,坐着小船游荡。

绿色的玉对红色的砂。

范元琰为偷笋的人搭桥,使得小偷把笋又送了回来;桑虞为偷瓜的人开辟道路,使得小偷把瓜还了回来。

楚国大夫屈原投汨罗江自杀,洛阳才子贾谊被贬谪到长沙。

读书和弹琴是士大夫生活重要的部分,炼药和煮茶是隐居者日常做的事情。

# 下平七阳

## 【题解】

本篇共三段,皆为韵文。每段韵文,由若干句对仗的联语组成。每句皆押"平水韵"下平声"七阳"韵。

本篇每句句末的韵脚字,"长""香""王""塘""妆""堂""霜""阳""汤""唐""肠""黄""庄""杨""廊""乡""螂""煌"等,在传统诗韵("平水韵")里,都归属于下平声"七阳"这个韵部。这些字,在普通话里,韵母大多含"ang",介音(韵头)有的是"i",有的是"u";声调多数读第一声或第二声。

需要注意的是:普通话"ang"韵母的字,并不都属于"平水韵"下平声"七阳"韵,有的属于上平声"三江"韵。"七阳"和"三江"属于邻韵,填词时可以通押,写近体诗时不可通押。"三江"韵字少,是窄韵;"七阳"韵字多,是宽韵。

## (一)

高对下,短对长。

柳影对花香。

词人对赋客①,五帝对三王②。

深院落,小池塘。

晚眺对晨妆③。

绛霄唐帝殿④,绿野晋公堂⑤。

寒集谢庄衣上雪⑥,秋添潘岳鬓边霜⑦。

人浴兰汤⑧,事不忘于端午;客斟菊酒⑨,兴常记于重阳。

**【注释】**

① 词人：狭义指善于填词的人，广义指擅长文辞的人。赋客：狭义指写赋的文人，辞赋家；广义指擅长写作的人。古诗文习用语。宋晏殊《示张寺丞王校勘》："游梁赋客多风味，莫惜青钱万选才。"

② 五帝：上古传说中的五位帝王，说法不一。《周易·系辞下》以伏羲、神农、黄帝、唐尧、虞舜为五帝。《大戴礼记·五帝德》《史记·五帝本纪》以黄帝（轩辕）、颛顼（高阳）、帝喾（高辛）、唐尧、虞舜为五帝。《礼记·月令》以太昊（伏羲）、炎帝（神农）、黄帝、少昊（挚）、颛顼为五帝。《〈书〉序》、晋皇甫谧《帝王世纪》以少昊、颛顼、高辛、唐尧、虞舜为五帝。三王：指夏、商、周三代开国君王，即夏禹、商汤、周之文武。《穀梁传·隐公八年》："盟诅不及三王。"晋范宁注："三王，谓夏、殷、周也。夏后有钧台之享，商汤有景亳之命，周武有盟津之会。"《孟子·告子下》："五霸者，三王之罪人也。"汉赵岐注："三王，夏禹、商汤、周文王是也。"

③ 晨妆：清晨梳妆。前蜀韦庄《上春词》："金楼美人花屏开，晨妆未罢车声催。"

④ 绛霄（jiàng xiāo）：殿名。唐帝：指五代时后唐庄宗李存勖（885—926），小字亚子。五代时期后唐创建者。晋王李克用子，克用将死，授以三矢曰："必报梁、燕、契丹之仇。"天祐五年（908）嗣晋王之位。与后梁激战十五年，终灭后梁。同光元年（923）即皇帝位，定都洛阳，史称"后唐"。在位期间，耽于享乐，宠信伶人，朝政紊乱。同光四年，伶人郭从谦谋反，中流矢而卒。庙号庄宗。新、旧《五代史》有本纪。新、旧《五代史》均言后唐庄宗李存勖为流矢所伤，崩于绛霄殿之庑下。《旧五代史·唐书·庄宗纪八》："俄而帝为流矢所中，亭午，崩于绛霄殿之庑下，时年四十三。"《新五代史·唐太祖家人传》："郭从谦反，庄宗中流矢，

伤甚，卧绛霄殿廊下，渴欲得饮，后令宦官进飨酪，不自省视。庄宗崩，后与李存渥等焚嘉庆殿，拥百骑出师子门。"《新五代史·伶官传》："乱兵纵火焚门，缘城而入，庄宗击杀数十百人。乱兵从楼上射帝，帝伤重，踣于绛霄殿廊下，自皇后、诸王左右皆奔走。至午时，帝崩，五坊人善友聚乐器而焚之。"

⑤绿野：即绿野堂，中唐名臣裴度在洛阳所建私家庄园。《旧唐书·裴度传》："自是，中官用事，衣冠道丧。度以年及悬舆，王纲版荡，不复以出处为意。东都立第于集贤里，筑山穿池，竹木丛萃，有风亭水榭，梯桥架阁，岛屿回环，极都城之胜概。又于午桥创别墅，花木万株；中起凉台暑馆，名曰'绿野堂'。引甘水贯其中，酾引脉分，映带左右。度视事之隙，与诗人白居易、刘禹锡酣宴终日，高歌放言，以诗酒琴书自乐，当时名士，皆从之游。"《新唐书·裴度传》亦载。晋公：裴度封晋国公。裴度（765—839），字中立，河东闻喜（今山西闻喜）人。德宗贞元五年（789）登进士第，八年（792）登博学宏词科，十年（794）复中贤良方正、能直言极谏科，授河阴县尉。宪宗元和年间任中书舍人、御史中丞，力主削藩，被李师道所遣刺客斫伤，宪宗用之益坚，遂拜中书侍郎同中书门下平章事。十二年（817）督师讨平淮西，封晋国公。十四年（819）出为河东节度使。穆宗长庆二年（822）及敬宗宝历二年（826）曾两次入相，后官至中书令。晚年留守东都（洛阳），筑绿野堂以自适，与白居易、刘禹锡等唱酬甚密。生平见新、旧《唐书》本传。

⑥寒集谢庄衣上雪：本句指宋武帝大明五年（461）正月戊午元日天降花雪（花雪即霰，雪珠），卫将军谢庄下殿，雪积衣上，还白武帝，武帝以为是祥瑞之兆，公卿大臣纷纷作花雪诗。事见《宋书·符瑞志下》："大明五年正月戊午元日，花雪降殿庭。时右卫将军谢庄下殿，雪集衣。还白，上以为瑞。于是公卿并作花雪

诗。"唐李商隐《对雪二首》之一:"欲舞定随曹植马,有情应湿
谢庄衣。"《酬崔八早梅有赠兼示之作》:"谢郎衣袖初翻雪,荀令熏
炉更换香。"即用此典。谢庄(421—466),字希逸,陈郡阳夏(今
河南太康)人。美容仪,宋文帝赞为"蓝田生玉"。初为诸王属
官,宋孝武帝时任侍中,迁左卫将军。前废帝时,官至金紫光禄
大夫。卒谥宪。以诗赋名,所作《月赋》为南朝咏物写景小赋的
代表作。明人辑有《谢光禄集》。

⑦潘(pān)岳:字安仁,西晋著名文学家。见前注。鬓(bìn)边霜:
指两鬓斑白。潘岳《秋兴赋·序》:"余春秋三十有二,始见二毛。"

⑧浴兰汤:旧有五月五日沐浴兰汤之俗。《大戴礼记·夏小正·五
月》目下:"蓄兰。为沐浴也。"《荆楚岁时记》:"五月五日,谓之浴
兰节。"(旧题)隋杜公瞻注:"按,《大戴礼记》曰:'五月五日,蓄兰
为沐浴。'《楚辞》曰:'浴兰汤兮沐芳华。'今谓之浴兰节,又谓之
端午。"

⑨斟(zhēn)菊酒:重阳节有饮菊花酒之旧俗。南朝梁吴均《续齐
谐记》:"汝南桓景随费长房游学累年,长房谓曰:'九月九日,汝
家中当有灾。宜急去,令家人各作绛囊盛茱萸以系臂,登高,饮
菊花酒,此祸可除。'景如言,齐家登山。夕还,见鸡犬牛羊一时
暴死。长房闻之曰:'此可代也。'今世人九日登高饮酒,妇人带
茱萸囊,盖始于此。"

**【译文】**

高对下,短对长。

柳树的影子对花的香气。

词人对赋家,传说中的五帝对夏、商、周的三王。

幽深的院落,小小的池塘。

黄昏远望对早晨梳妆。

后唐庄宗的绛霄殿,大唐晋公裴度的绿野堂。

寒冷的天气使谢庄的衣服上落满了雪，秋天的到来使潘岳鬓边增多了像霜一样的白发。

端午的时候不会忘了煮兰汤洗澡，重阳的时候总会记得和朋友喝菊花酒。

## （二）

尧对舜，禹对汤。

晋宋对隋唐。

奇花对异卉①，夏日对秋霜。

八叉手②，九回肠③。

地久对天长。

一堤杨柳绿，三径菊花黄④。

闻鼓塞兵方战斗，听钟宫女正梳妆。

春饮方归，纱帽半淹邻舍酒⑤；早朝初退，衮衣微惹御炉香⑥。

**【注释】**

①异卉（huì）：奇异的草。卉，草的总称，亦指花。

②八叉手：两手相拱为叉。唐朝诗人温庭筠才思敏捷，每次参加考试，叉手构思，叉手八次而成八韵，时号"温八叉"。五代宋孙光宪《北梦琐言》："（温庭筠）工于小赋，每入试，押官韵作赋，凡八叉手而八韵成。"后以"八叉"喻才思敏捷。

③九回肠：愁肠反复翻转。比喻忧思郁结难解。典出汉司马迁《报任少卿书》："是以肠一日而九回。"

④三径：语本《三辅决录·逃名》："蒋诩归乡里，荆棘塞门，舍中有三径，不出，唯求仲、羊仲从之游。"后因以"三径"指归隐者的家

园。晋陶潜《归去来兮辞》："三径就荒，松竹犹存。"

⑤邻舍酒：古诗文习用语。唐杜甫《草堂》："邻舍喜我归，酤酒携胡芦（一作"提榼壶"）。"宋黄庭坚《寄朱乐仲》："故人昔在国北门，邻舍杖藜对樽酒。"

⑥衮（gǔn）衣微惹御炉香：本句出自唐贾至《早朝大明宫》："剑佩声随玉墀步，衣冠身惹御炉香。"衮衣，古代帝王及王公绣龙的礼服。

## 【译文】

唐尧对虞舜，夏禹对商汤。

晋、宋两代对隋、唐二朝。

奇特的花对别致的草，夏天的太阳对秋天的寒霜。

"八叉手"是说诗才敏捷，"九回肠"是说感情缠绵。

大地长久对天空高远。

整条大堤上的杨柳开始长出绿叶，院子三条小路旁的秋菊已经开出黄花。

保卫边疆的士兵，听到战鼓才开始打仗；钟响的时候，皇宫中的侍女正在梳妆。

春社饮酒才回来，帽子上浸透邻家的酒渍；早朝刚退，官袍上沾染了皇宫里燃烧的香料的味道。

# （三）

荀对孟①，老对庄②。

弹柳对垂杨③。

仙宫对梵宇④，小阁对长廊。

风月窟⑤，水云乡⑥。

蟋蟀对螳螂⑦。

暖烟香霭霭⑧，寒烛影煌煌⑨。

伍子欲酬渔父剑<sup>⑩</sup>,韩生尝窃贾公香<sup>⑪</sup>。

三月韶光<sup>⑫</sup>,常忆花明柳媚<sup>⑬</sup>;一年好景,难忘橘绿橙黄<sup>⑭</sup>。

**【注释】**

①荀(xún):荀子(约前313—前238),名况,字卿。汉人避宣帝讳,称孙卿。游学于齐,齐襄王时三为稷下学宫祭酒。秦昭王四十一年(前266)至秦,赞秦政治清明。旋回赵,在赵孝成王前议兵。约楚考烈王八年(前255),任楚兰陵令。后家兰陵,著书授徒。荀子是战国后期儒家学派代表人物,其学术源于儒而博采众家之长。主"制天命而用之",重视"征知",强调"解蔽","制名以指实"。主张性恶论,重视"化性起伪"。反对"法先王",主张"法后王",尊礼重教。韩非、李斯均从之受学。著有《荀子》。孟:孟子,名轲。战国时期思想家,后世尊为"亚圣",在儒家学派地位及影响仅次于孔子。详见前注。

②老:老子,先秦思想家,道家学派创始人。详见前注。庄:庄子,名周。战国时期思想家,道家学派代表人物。详见前注。

③觲(duǒ)柳:垂柳。见前注。

④仙宫:神仙住的宫殿。亦用以指皇宫。《文选•(江淹)杂体诗•颜特进侍宴》:"列汉构仙宫,开天制宝殿。"唐吕向注:"言宫殿高大,上至天汉。"亦指道观。南北朝沈约《游沈道士馆》:"既表祈年观,复立望仙宫。"梵(fàn)宇:佛寺。唐宋之问《登禅定寺阁》:"梵宇出三天,登临望八川。"

⑤风月窟:欣赏清风明月的场所。风月,泛指美好的景色。古诗文常用语。宋方逢辰《饯修史宫讲吏部陈大著赴镇赣州》:"醉读题咏呼坡翁,此是太守风月窟。"

⑥水云乡:水云弥漫、风景清幽的地方,多指隐者游居之地。宋苏

轼《南歌子·别润守许仲途》："一时分散水云乡，惟有落花芳草断人肠。"宋傅榦注："江南地卑湿而多沮泽，故谓之水云乡。"

⑦螳螂（táng láng）：昆虫名。全身绿色或黄褐色。头呈三角形，前足粗大呈镰刀状。

⑧霭霭（ǎi）：形容云雾密集的样子。

⑨煌煌（huáng）：形容明亮辉煌的样子。《诗经·陈风·东门之杨》："昏以为期，明星煌煌。"宋朱子集传："煌煌，大明貌。"

⑩伍子欲酬渔父（fǔ）剑：本句典出《史记·伍子胥列传》："至江，江上有一渔父乘船，知伍胥之急，乃渡伍胥。伍胥既渡，解其剑曰：'此剑直百金，以与父。'父曰：'楚国之法，得伍胥者赐粟五万石、爵执珪，岂徒百金剑邪！'不受。"伍子，即伍员（？—前484），字子胥。春秋末年楚国人。父亲伍奢、兄长伍尚为楚平王所杀，只身逃往吴国。助阖闾刺死吴王僚，夺取王位，为行人。佐吴王阖闾攻楚，五战五胜，入楚都郢，掘平王墓，鞭尸三百。以功封于申，又称"申胥"。吴王夫差时，败越，越求和，力谏勿许，夫差不听。吴攻齐，子胥谏，又不听。后夫差信伯嚭谗，赐剑令子胥自尽。子胥死后九年，越灭吴。

⑪韩生尝窃贾公香：本句典出《世说新语·惑溺》："韩寿美姿容，贾充辟以为掾。充每聚会，贾女于青琐中看，见寿，说之，恒怀存想，发于吟咏。后婢往寿家，具述如此，并言女光丽。寿闻之心动，遂请婢潜修音问。及期往宿。寿蹻捷绝人，逾墙而入，家中莫知。自是充觉女盛自拂拭，说畅有异于常。后会诸吏，闻寿有奇香之气，是外国所贡，一着人则历月不歇。充计武帝唯赐己及陈骞，余家无此香，疑寿与女通，而垣墙重密，门阁急峻，何由得尔？乃托言有盗，令人修墙。使反，曰：'其余无异，唯东北角如有人迹，而墙高非人所逾。'充乃取女左右婢考问。即以状对。充秘之，以女妻寿。"《晋书·贾充传》亦载此事，而文字略有异

同。西晋韩寿与贾充的女儿贾午私通。贾午偷了晋武帝赐予贾充的异香送给韩寿,贾充发觉之后,就把女儿嫁给了韩寿。韩生,指韩寿,字德真,生卒年不详,南阳堵阳(今河南方城)人。贾充辟为司空掾。因长相俊美,为贾充之女贾午所爱慕。二人私通,被贾充察觉,贾充乃招其为婿。官至散骑常侍、河南尹。贾公,指贾充(217—282),字公闾,平阳襄陵(今山西襄汾东北)人。曹魏豫州刺史贾逵子。仕魏尚书郎,累官至大将军司马、廷尉,为司马昭腹心。指使太子舍人成济杀高贵乡公曹髦,参与司马氏代魏密谋。晋朝建立后,转任车骑将军、散骑常侍、尚书仆射,后升任司空、太尉等要职。更封鲁郡公。咸宁末,为使持节、假黄钺、大都督征讨吴国。太康三年(282)卒,朝廷追赠太宰,谥武。贾充因一女(贾南风)为太子(司马衷,即后来的晋惠帝)妃,一女(贾褒,一名荃)为齐王(司马炎弟司马攸)妃,极受晋武帝宠信,权倾天下。

⑫韶(sháo)光:美好的时光,常指春光。古诗文习用语。南朝梁简文帝《与慧琰法师书》:"五翳消空,韶光表节。"

⑬花明柳媚:形容春天绿柳成荫、繁花似锦的景象。古诗文习用语。宋辛弃疾《鹊桥仙·贺余察院生日》:"东君未老,花明柳媚,且引玉尘沉醉。"

⑭"一年好景"二句:本句语典出自宋苏轼《赠刘景文》:"一年好景君须记,正是橙黄橘绿时。"橙黄橘绿,是古诗文习用语,宋人尤其爱用。苏轼诗句太过著名,乃至于宋人叶梦得《鹧鸪天》词径直借用此二句:"一曲青山映小池。绿荷阴尽雨离披。何人解识秋堪美,莫为悲秋浪赋诗。携浊酒,绕东篱。菊残犹有傲霜枝。一年好景君须记,正是橙黄橘绿时。"

**【译文】**

荀子对孟子,老子对庄子。

垂柳对垂杨。

道教的庙宇对佛教的寺院,小巧的亭阁对长长的走廊。

清风明月好处所,行云流水好地方。

蟋蟀对螳螂。

香炉里散发出迷濛的烟气,寒夜里烛光明亮摇曳。

伍子胥想要把宝剑送给渔父,韩寿曾经偷过贾充的异香。

三月春光正好,最令人回忆的是鲜艳的花和柔媚的柳;一年的好景中,最难忘的是橘子泛绿橙子微黄时的秋色。

# 下平八庚

## 【题解】

本篇共三段,皆为韵文。每段韵文,由若干句对仗的联语组成。每句皆押"平水韵"下平声"八庚"韵。

本篇每句句末的韵脚字,"轻""声""醒""生""行""明""倾""赓""迎""庚""鲸""琤""茎""莺""耕""筝""营""惊"等,在传统诗韵("平水韵")里,都归属于下平声"八庚"这个韵部。这些字,在普通话里,韵母有的是"eng",有的是"ing";声调有读第一声的,有读第二声的。

需要注意的是:普通话"eng""ing"等韵母的字,并不都属于"平水韵"下平声"八庚"韵,也有可能属于下平声"九青"韵、"十蒸"韵。下平声"八庚"韵的字,和下平声"九青"韵、"十蒸"韵是邻韵,填词时可以通押,写近体诗时不可通押。

本篇第二段长对"肠断秋闺,凉吹已侵重被冷;梦惊晓枕,残蟾犹照半窗明"这一句,"凉吹"的"吹"是名词,读去声。"凉吹"和"残蟾"在声律上对偶可以成立。

第三段五字对"雉城对雁塞"这句,"雉城""雁塞"对偶,是借用雉本山鸡之名的本义。此种对仗方式,为借对。

## （一）

深对浅,重对轻。

有影对无声。

蜂腰对蝶翅，宿醉对余酲[①]。

天北缺[②]，日东生。

独卧对同行。

寒冰三尺厚，秋月十分明。

万卷书容闲客览[③]，一樽酒待故人倾[④]。

心侈唐玄[⑤]，厌看霓裳之曲[⑥]；意骄陈主[⑦]，饱闻玉树之赓[⑧]。

**【注释】**

①宿（sù）醉：经过一夜尚未全醒的余醉。古诗文习用语。南朝宋刘义庆《世说新语·文学》："司空郑冲，驰遣信就阮籍求文，籍时在袁孝尼家，宿醉扶起，书札为之，无所点定，乃写付使，时人以为神笔。"唐白居易《洛桥寒食日作十韵》："宿醉头仍重，晨游眼乍明。"余酲（chéng）：酒醒后神志不清好像患病一样的感觉。唐刘禹锡《和牛相公题姑苏所寄太湖石兼寄李苏州》："烦热近还散，余酲见便醒。"

②天北缺：典出《淮南子·天文训》："昔者共工与颛顼争为帝，怒而触不周之山。天柱折，地维绝。天倾西北，故日月星辰移焉；地不满东南，故水潦尘埃归焉。"

③万卷：藏书万卷，极言其多。古诗文常用语。唐张祜《题朱兵曹山居》："朱氏西斋万卷书，水门山阔自高疏。"

④樽（zūn）：盛酒器。倾：饮酒。唐白居易《琵琶行》："春江花朝秋月夜，往往取酒还独倾。"

⑤侈（chǐ）：放纵。唐玄：唐玄宗李隆基（685—762），谥曰明，故亦称"唐明皇"。睿宗第三子，始封楚王，后封临淄郡王。中宗景

龙四年（710），密谋匡复，起兵诛韦后，奉父睿宗即帝位。旋受
禅为帝，在位四十四年。初以姚崇、宋璟为相，革除弊政，国力
强盛，史称"开元之治"。后宠杨贵妃，用李林甫、杨国忠相继执
政，吏治腐败，又好声色，奢侈荒淫，至天宝十四载（755），爆发安
史之乱，避难奔蜀。太子李亨即位灵武，被尊为太上皇。返京居
西内，左右悉遭贬逐，抑郁而卒，谥至道大圣大明孝皇帝。事迹
见新、旧《唐书》本纪。

⑥霓（ní）裳之曲：指《霓裳羽衣曲》。是唐代著名法曲。据说为开
元中河西节度使杨敬述所献。初名《婆罗门曲》。经唐玄宗润色
并制歌词，后改用今名。传说中亦有为唐玄宗登三乡驿望女几
山及游月宫密记仙女之歌归而所作等说，虽荒诞不可信，但每被
诗人搜奇入句。唐白居易《长恨歌》："渔阳鼙鼓动地来，惊破《霓
裳羽衣曲》。"唐刘禹锡《三乡驿楼伏睹玄宗望女几山》："三乡陌
上望仙山，归作《霓裳羽衣曲》。"明何景明《听琴篇》："忽然翻作
广寒游，知是《霓裳羽衣曲》。"参阅《新唐书·礼乐志十二》、宋
沈括《梦溪笔谈·乐律一》、宋王灼《碧鸡漫志》卷三。

⑦陈主：指陈后主陈叔宝（553—604），字元秀，小字黄奴。南朝陈
宣帝长子。在位时，大建宫室，终日与宠妃词臣游宴，不问政事，
制作艳词，被以新声，如《玉树后庭花》《临春乐》等。自恃长江天
堑，隋军大举南下，仍纵酒赋诗不辍。隋军入建康，俘送长安，诗
酒如故，隋文帝言其"全无心肝"。病死洛阳。谥炀。

⑧玉树之赓（gēng）：指陈后主时宫廷乐曲《玉树后庭花》。赓，继
续。引申为作歌唱和。事见《陈书·皇后列传·张贵妃》："后主
自居临春阁，张贵妃居结绮阁，龚、孔二贵嫔居望仙阁，并复道交
相往来。又有王李二美人、张薛二淑媛、袁昭仪、何婕妤、江修容
等七人，并有宠，递代以游其上。以宫人有文学者袁大舍等为女
学士。后主每引宾客对贵妃等游宴，则使诸贵人及女学士与狎

客共赋新诗,互相赠答,采其尤艳丽者以为曲词,被以新声,选宫女有容色者以千百数,令习而歌之,分部迭进,持以相乐。其曲有《玉树后庭花》《临春乐》等,大指所归,皆美张贵妃、孔贵嫔之容色也。其略曰:'璧月夜夜满,琼树朝朝新。'"

**【译文】**

深对浅,沉重对轻松。

有影子对没声音。

蜜蜂的腰对蝴蝶的翅膀,隔夜的醉酒对没醒的酒意。

天的西北有缺口,太阳从东方生出来。

单独睡对一起走。

冬天的冰有三尺厚,秋天的月亮十分明。

有很多书可以供没事的人看,有一杯酒期待和老朋友一起喝。

心意奢侈的唐玄宗,看厌了《霓裳羽衣舞》;意气骄纵的陈后主,听够了《玉树后庭花》。

# （二）

虚对实,送对迎。

后甲对先庚①。

鼓琴对舍瑟②,搏虎对骑鲸③。

金匼匝④,玉玎珰⑤。

玉宇对金茎⑥。

花间双粉蝶,柳内几黄莺。

贫里每甘藜藿味⑦,醉中厌听管弦声。

肠断秋闺⑧,凉吹已侵重被冷⑨;梦惊晓枕⑩,残蟾犹照半窗明⑪。

## 【注释】

①后甲：指甲日之后的三日，即丁日。语本《周易·蛊》："元亨，利涉大川；先甲三日，后甲三日。"宋朱子本义："甲，日之始，事之端也。先甲三日，辛也；后甲三日，丁也。前事过中而将坏，则可自新，以为后事之端，而不使至于大坏。后事方始而尚新，然更当致其丁宁之意，以监其前事之失，而不使至于速坏。"先庚（gēng）：指庚日之前的三日，即丁日。《周易·巽》："先庚三日，后庚三日，吉。"宋朱子本义："庚，更也，事之变也。先庚三日，丁也。后庚三日，癸也。丁，所以丁宁于其变之前；癸，所以揆度于其变之后。"宋薛季宣《春霖未霁澍雨大作》："天占符后甲，人意失先庚。"即以后甲对先庚。

②鼓琴：弹琴。《诗经·小雅·鹿鸣》："我有嘉宾，鼓瑟鼓琴。"舍瑟（sè）：放下瑟。典出《论语·先进》："鼓瑟希，铿尔，舍瑟而作。"

③搏虎：打虎。亦以喻有勇力或气势磅礴。语本《孟子·尽心下》："晋人有冯妇者，善搏虎，卒为善士。"骑鲸：亦作"骑京鱼"。《文选·（扬雄）羽猎赋》："乘巨鳞，骑京鱼。"唐李善注："京鱼，大鱼也，字或为鲸。鲸亦大鱼也。"后因以比喻隐遁或游仙。唐杜甫《送孔巢父谢病归游江东兼呈李白》："若逢李白骑鲸鱼（一作"南寻禹穴见李白"），道甫问信今何如？"后人又多以"骑鲸"用作咏李白之典。宋苏轼《和陶郭主簿》："愿因骑鲸李，追此御风列。"明李东阳《李太白》："人间未有飞腾地，老去骑鲸却上天。"

④金镓匝（kē zā）：金制的马络头。唐杜甫《送蔡希鲁都尉还陇右因寄高三十五书记》诗之二："马头金镓匝，驼背锦模糊。"清仇兆鳌注："《韵会》：'镓匝，周绕貌。'此言金络马头，其状密匝也。"亦指罩在灯上的金丝络。清程嗣章《明宫词》之九三"细縠轻遮金缕镫"自注："宫中镫多镂金镓匝，虽烜丽而炬不外达。"镓匝，缠绕的样子。

⑤玼玱（cōng chēng）：象声词，形容玉石敲击的声音。宋袁褧《枫窗小牍》："剑佩玼玱，交映左右。"亦形容乐声、水声。清朱彝尊《题汪检讨楫乘风破浪图》："中山君长搓手迎，道旁张乐声玼玱。"

⑥玉宇：用玉建成的殿宇，传说中天帝或神仙的住所。南朝梁萧纶《祀鲁山神文》："金坛玉宇，是众妙之游遨；丹崖翠幄，信灵人之响像。"亦指华丽的宫殿。南朝宋刘铄《拟明月何皎皎》："玉宇来清风，罗帐延秋月。"金茎（jīng）：用以擎承露盘的铜柱。《文选•（班固）西都赋》："抗仙掌以承露，擢双立之金茎。"唐李善注："金茎，铜柱也。"

⑦藜藿（lí huò）：藜和藿是两种野菜。泛指粗劣的饭菜。古诗文习用语。《韩非子•五蠹》："粝粢之食，藜藿之羹。"《文选•（曹植）七启》："予甘藜藿，未暇此食也。"唐刘良注："藜藿，贱菜，布衣之所食。"

⑧秋闺（guī）：秋日的闺房，是最易引起秋思之所。古诗文习用语。南朝梁江洪《秋风曲》之二："孀妇悲四时，况在秋闺内。"

⑨凉吹（chuì）：凉风。唐钱起《早下江宁》："暮天微雨散，凉吹片帆轻。"重（chóng）被：好几层被子。宋欧阳修《一斛珠》："翠被重重，不似香肌暖。"

⑩晓枕：指清晨的残睡。古诗文习用语。宋王安石《郑子宪（一本有"新起"二字）西斋》："晓枕不容春梦到，夜灯唯许月华侵。"

⑪残蟾（chán）：残月。古诗文习用语。宋黄裳《寿安太君挽辞》："相伴勤田上，残蟾与夕晖。"

**【译文】**

虚空对实际，送行对迎接。

甲日的后三天对庚日的前三天。

演奏琴对放下瑟，打老虎对骑鲸鱼。

金丝缠绕，玉石敲击。

精美的建筑对铜制的柱子。

花间有成对的粉蝶,柳树里藏着很多黄莺。

贫穷的时候觉得野菜的味道也很好,醉酒后听厌了管弦演奏的音乐。

秋天闺中的女子心境凄凉,凉风使人觉得盖好几床被子也还是冷;早晨从梦中惊醒,残月还淡淡的透过窗户撒下清光。

# （三）

渔对猎,钓对耕。

玉振对金声①。

雉城对雁塞②,柳夭对葵倾③。

吹玉笛④,弄银笙⑤。

阮杖对桓筝⑥。

墨呼松处士⑦,纸号楮先生⑧。

露浥好花潘岳县⑨,风搓细柳亚夫营⑩。

抚动琴弦,遽觉座中风雨至⑪;哦成诗句,应知窗外鬼神惊⑫。

【注释】

①玉振:击磬发出的声音。金声:撞击铜钟发出的声音。金声玉振谓以钟发声,以磬收韵,奏乐从始至终。语出《孟子·万章下》:"集大成也者,金声而玉振之也。金声也者,始条理也;玉振之也者,终条理也。始条理者,智之事也;终条理者,圣之事也。"

②雉（zhì）城:古代城墙上掩护守城人用的矮墙,也泛指城墙。雉,古代计量城墙面积的单位,长三丈高一丈为一雉。"雉城""雁塞"对偶,是借用雉本山鸡之名的本义。此种对仗方式,为借对。

雁塞（sài）：山名。《初学记》引南朝齐刘澄之《梁州记》："梁州县界有雁塞山，传云此山有大池水，雁栖集之，故因名曰雁塞。"其地当在今陕西汉中一带。亦泛指北方边塞。

③袅（niǎo）：摇曳的样子。 葵（kuí）倾：葵花（按：乃锦葵、蜀葵之花，非向日葵）向日而倾。因以"葵倾"比喻向往思慕的心情。三国魏曹植《求通亲亲表》："臣伏以为犬马之诚不能动人，譬人之诚不能动天。崩城、陨霜，臣初信之，以臣心况，徒虚语耳。若葵藿之倾叶，太阳虽不为之回光，然向之者诚也。窃自比于葵藿，若降天地之施，垂三光之明者，实在陛下。"唐杜甫《自京赴奉先县咏怀五百字》："葵藿倾太阳，物性固莫（一作"难"）夺。"

④玉笛：玉制的笛子。《西京杂记》："秦咸阳宫有玉笛长二尺三寸，二十六孔。吹之则见车马山林，隐隐相次，息亦不见，名曰'昭华之琯'。"后用作笛子的美称。亦泛指笛声。古诗文习用语。唐李白《春夜洛城闻笛》："谁家玉笛暗飞声，散入春风满洛城。"

⑤银笙（shēng）：即银字笙。古笙的一种。笙管上标有表示音调高低的银字。五代和凝《山花子》："银字笙寒调正长，水纹簟冷画屏凉。"亦用作笙的美称，或泛指笙音。古诗文习用语。唐李群玉《腊夜雪霁月彩交光命家仆吹笙》："桂酒寒无醉，银笙冻不流。"

⑥阮（ruǎn）杖：即阮修杖。晋代阮修经常把钱挂在手杖上，到酒店喝酒。典出《世说新语·任诞》："阮宣子常步行，以百钱挂杖头，至酒店，便独酣畅。虽当世贵盛，不肯诣也。"阮修（270—311），字宣子，陈留尉氏（今河南尉氏）人。阮咸从子。好《易》《老》，善清言。与王敦、谢鲲、庾敳同为王衍"四友"。性简任，不修人事。王敦以为鸿胪丞，转太傅行参军、太子洗马。避乱南行，为贼所害。 桓（huán）筝：即桓伊筝。晋代桓伊擅长弹筝，曾借为晋孝武帝弹筝之际，为老臣谢安鸣不平。事见《晋书·桓伊传》："时谢安女婿王国宝专利无检行，安恶其为人，每抑制之。

及孝武末年，嗜酒好内，而会稽王道子昏酱尤甚，惟狎昵谄邪，于是国宝谗谀之计稍行于主相之间。而好利险诐之徒，以安功名盛极，而构会之，嫌隙遂成。帝召伊饮宴，安侍坐。帝命伊吹笛。伊神色无迕，即吹为一弄，乃放笛云：'臣于筝分乃不及笛，然自足以韵合歌管，请以筝歌，并请一吹笛人。'帝善其调达，乃敕御妓奏笛。伊又云：'御府人于臣必自不合，臣有一奴，善相便串。'帝弥赏其放率，乃许召之。奴既吹笛，伊便抚筝而歌《怨诗》曰：'为君既不易，为臣良独难。忠信事不显，乃有见疑患。周旦佐文武，《金滕》功不刊。推心辅王政，二叔反流言。'声节慷慨，俯仰可观。安泣下沾衿，乃越席而就之，捋其须曰：'使君于此不凡！'帝甚有愧色。"后遂以桓筝为抚筝或心情悲愤之典。宋陆游《夜闻湖中渔歌》："悲伤似击渐离筑，忠愤如抚桓伊筝。"桓伊，生卒年不详，字叔夏，小字子野（一作"野王"），谯国铚县（今安徽濉溪）人。因军事才能突出，被朝廷任命为淮南太守，晋职都督豫州之十二郡、扬州之江西五郡军事、建威将军。与谢玄共破前秦王鉴、张蚝，以战功封宣城县子，晋升为都督豫州诸军事、西中郎将、豫州刺史。淝水之战时，与谢玄、谢琰共破苻坚，以功封为永修县侯，进号右军将军。后被朝廷任命为都督江州、荆州十郡、豫州四郡军事、江州刺史。后受征召回京，官拜护军将军，卒于任。朝廷追赠右将军，加散骑常侍，谥号为烈。桓伊不仅是东晋名将，亦是名士、音乐家，以擅长吹笛、弹筝闻名。

⑦松处（chǔ）士：墨的雅称。古代的墨大多以松烟制成，所以称墨为松处士。处士，不出仕做官的人。

⑧楮（chǔ）先生：纸的雅称。古代制纸多以楮树为原料，因称楮先生。唐韩愈《毛颖传》："颖与绛人陈玄、弘农陶泓及会稽楮先生友善，相推致，其出处必偕。"乃将笔、墨、砚、纸拟人化。后遂以楮先生为纸的别称。

⑨浥（yì）：湿润。潘岳县：指河阳县。《白氏六帖》：“潘岳为河阳令，种桃李花，人号曰：河阳一县花。”

⑩亚夫营：西汉大将周亚夫驻军细柳（今陕西咸阳西南渭河北），防御匈奴，营中戒备森严。文帝亲来劳军亦不得入，及至以天子名义下诏令，始开营门。后因以“亚夫营”称戒备森严的军营。事见《史记·绛侯周勃世家》：“文帝之后六年，匈奴大入边。乃以宗正刘礼为将军，军霸上；祝兹侯徐厉为将军，军棘门；以河内守亚夫为将军，军细柳：以备胡。上自劳军。至霸上及棘门军，直驰入，将以下骑送迎。已而之细柳军，军士吏被甲，锐兵刃，彀弓弩，持满。天子先驱至，不得入。先驱曰：‘天子且至！’军门都尉曰：‘将军令曰“军中闻将军令，不闻天子之诏”。’居无何，上至，又不得入。于是上乃使使持节诏将军：‘吾欲入劳军。’亚夫乃传言开壁门。壁门士吏谓从属车骑曰：‘将军约，军中不得驱驰。’于是天子乃按辔徐行。至营，将军亚夫持兵揖曰：‘介胄之士不拜，请以军礼见。’天子为动，改容式车。使人称谢：‘皇帝敬劳将军。’成礼而去。既出军门，群臣皆惊。文帝曰：‘嗟乎，此真将军矣！曩者霸上、棘门军，若儿戏耳，其将固可袭而虏也。至于亚夫，可得而犯邪！’称善者久之。”周亚夫（？—前143），西汉名将，沛（今江苏沛县）人。周勃子。汉文帝时封条侯。文帝后元六年（前158），匈奴侵边，以河内太守为将军，防守细柳。帝劳军，不得入，于是遣使持节诰告将军，成礼以去，称其军纪严明，乃拜为中尉。景帝前元三年（前154），吴、楚反，以太尉平七国之乱。拜丞相。后因谏废栗太子等事触犯景帝，梁孝王又言其短，致遭猜忌。后元元年（前143），其子为人告发盗买官器，受牵连入廷尉，不食呕血死。

⑪“抚动琴弦”二句：用晋平公听师旷弹奏《清角》而风雨大至典。事见《韩非子·十过》：“平公提觞而起为师旷寿，反坐而问曰：

'音莫悲于清徵乎？'师旷曰：'不如清角。'平公曰：'清角可得而闻乎？'师旷曰：'不可。昔者黄帝合鬼神于泰山之上……作为清角。今主君德薄，不足听之，听之将恐有败。'平公曰：'寡人老矣，所好者音也，愿遂听之。'师旷不得已而鼓之。一奏之，有玄云从西北方起；再奏之，大风至，大雨随之，裂帷幕，破俎豆，隳廊瓦，坐者散走，平公恐惧，伏于廊室之间。晋国大旱，赤地三年。平公之身遂癃病。"遽（jù），仓猝，忽然。

⑫"哦成诗句"二句：用李白诗可泣鬼神典。吟诗使鬼神为之感泣，极言感人之深。唐杜甫《寄李十二白二十韵》："笔落惊风雨，诗成泣鬼神。"宋李昉等《太平广记·才名》："李太白初自蜀至京师，舍于逆旅。贺监知章闻其名，首访之。既奇其姿，又请所为文，白出《蜀道难》以示之。读未竟，称叹数四，号为谪仙人。白酷好酒，知章因解金龟换酒，与倾尽醉，期不间日，由是称誉光赫。贺又见其《乌栖曲》，叹赏苦吟曰：'此诗可以泣鬼神矣。'曲曰：'姑苏台上乌栖时，吴王宫里醉西施。吴歌楚舞欢未毕，西山犹衔半边日。金壶丁丁漏水多，起看秋月堕江波，东方渐高奈乐何。'或言是《乌夜啼》，二篇未知孰是。又《乌夜啼》曰：'黄云城边乌欲栖，归飞哑哑枝上啼。机中织锦秦川女，碧纱如烟隔窗语。停梭向人问故夫，欲说辽西泪如雨。'"宋计有功《唐诗纪事·李白》，首录李白《乌栖曲》诗，下云："天宝初，贺知章见之，曰：'此诗可以泣鬼神矣'。"

## 【译文】

捕鱼对打猎，钓鱼对耕田。

敲击玉石的声音对碰撞金属的声音。

都城对边塞，柳丝迎风对葵花向日。

吹奏玉制的笛子，弹奏刻有银字的笙。

阮修挂杖，桓伊弹筝。

墨被称为松处士,纸被称为楮先生。

露水打湿了潘岳在河阳县种下的美丽的花,风吹动周亚父军营细弱的柳。

师旷拨动琴弦,忽然觉得好像风雨来到座中;李白吟出诗句,窗外应该有被惊动的鬼神。

# 下平九青

## 【题解】

本篇共三段,皆为韵文。每段韵文,由若干句对仗的联语组成。每句皆押“平水韵”下平声“九青”韵。

本篇每句句末的韵脚字,“青”“扃”“经”“翎”“亭”“星”“醒”“霆”“蜓”“汀”“铭”“萤”“鸰”“冥”等,在传统诗韵(“平水韵”)里,都归属于下平声“九青”这个韵部。这些字,在普通话里,韵母绝大多数是“ing”,个别是“iong”;声调有读第一声的,有读第二声的。“醒”字在普通话里只有一个音xǐng,但在诗韵(“平水韵”)里却有三个音,平、上、去三读,不别义。诗韵“醒”字,平读在下平“九青”部,读xīng。

需要注意的是:普通话“ing”韵母的字,并不都属于“平水韵”下平声“九青”韵,也有可能属于下平声“八庚”韵、“十蒸”韵。下平声“九青”韵的字,和下平声“八庚”韵、“十蒸”韵是邻韵,填词时可以通押,写近体诗时不可通押。

本篇第一段五字句“渔火对禅扃”,坊本多作“禅灯”。但“灯”字在下平“十蒸”韵,不在“九青”韵。今改“灯”为“扃”,以叶韵。长对句“倦绣佳人,慵把鸳鸯文作枕;吮毫画者,思将孔雀写为屏”,坊本多作“绣倦”,与下句“吮毫”不成对偶。今改为“倦绣”,则与下句“吮毫”皆是动宾结构,可以成为对偶。

# （一）

红对紫,白对青。

渔火对禅扃①。

唐诗对汉史②,释典对仙经③。

龟曳尾④,鹤梳翎⑤。

月榭对风亭⑥。

一轮秋夜月,几点晓天星。

晋士只知山简醉⑦,楚人谁识屈原醒⑧。

倦绣佳人⑨,慵把鸳鸯文作枕⑩;吮毫画者⑪,思将孔雀写为屏⑫。

**【注释】**

①渔火:渔船上的灯火。古诗文习用语。唐钱起《送元评事归山
居》:"水宿随渔火,山行到竹扉。"禅扃(chán jiōng):佛寺之门。
唐独孤及《题思禅寺上方》:"攀云到金界,合掌开禅扃。"亦指禅
房。唐刘禹锡《赠别约师》:"师逢吴兴守,相伴住禅扃。"此句,坊
本多作"禅灯"。但"灯"字在下平"十蒸"韵,不在"九青"韵。又,
涂时相本,此句作"执辔对扬舲"。

②唐诗、汉史:二者俱为一代文学之代表,故有"唐诗""汉史"之称。
清李渔《闲情偶寄・词曲上・结构》:"历朝文字之盛,其名各有
所归,汉史、唐诗、宋文、元曲,此世人口头语也。"

③释典:指佛经。《晋书・何充传》:"性好释典,崇修佛寺。"《资治
通鉴・陈长城公祯明二年》:"(沈后)唯寻阅经史及释典为事。"
元胡三省注:"释典,佛经也。"仙经:泛指道教经典。晋葛洪《抱
朴子・辨问》:"仙经以为,诸得仙者,皆其受命偶值神仙之气,自
然所禀。"

④龟曳(yè)尾:语本《庄子・秋水》:"吾闻楚有神龟,死已三千岁
矣,王巾笥而藏之庙堂之上。此龟者,宁其死为留骨而贵乎?宁

其生而曳尾于涂中乎?"后遂用作典故,以"龟曳尾"比喻自由自在的隐居生活。曳尾,拖着尾巴。

⑤梳翎(líng):指鸟类梳理自身羽毛。唐郑颢《续梦中十韵》:"日斜乌敛翼,风动鹤梳翎。"

⑥月榭(xiè):赏月的台榭。古诗文习用语。南朝梁沈约《郊居赋》:"风台累翼,月榭重栭。"风亭:指亭子,因通风而名。古诗文习用语。唐朱庆余《秋宵宴别卢侍御》:"风亭弦管绝,玉漏一声新。"古人惯以风亭月榭连用或对偶。唐冯翊《桂苑丛谈·赏心亭》:"风亭月榭既已荒凉,花围钓台未惬深旨。"清黄景仁《感旧杂诗》:"风亭月榭记绸缪,梦里听歌醉里愁。"

⑦山简醉:西晋山简,经常喝醉酒,人称"醉山翁"。《晋书·山简传》:"简优游卒岁,唯酒是耽。诸习氏,荆土豪族,有佳园池,简每出嬉游,多之池上,置酒辄醉,名之曰高阳池。时有童儿歌曰:'山公出何许,往至高阳池。日夕倒载归,茗艼无所知。时时能骑马,倒着白接䍦。举鞭向葛彊,何如并州儿?'彊家在并州,简爱将也。"山简(253—312),字季伦,河内怀县(今河南武陟)人。山涛子。初为太子舍人,累迁侍中,转尚书。晋怀帝永嘉初,为尚书左仆射,领吏部。永嘉三年(309),出为征南将军、都督荆湘交广四州诸军事,镇襄阳。优游卒岁,唯酒是耽。加督宁、益军事。匈奴刘聪攻洛阳,遣督护王万率师往救,为流民所阻。后迁夏口,招纳流亡,江汉归附,颇以"社稷倾覆,不能匡救"而流涕慷慨。

⑧屈原醒:语本《楚辞·渔父》:"屈原既放,游于江潭,行吟泽畔,颜色憔悴,形容枯槁。渔父见而问之曰:'子非三闾大夫与?何故至于斯?'屈原曰:'举世皆浊我独清,众人皆醉我独醒,是以见放。'""醒"字,普通话只有一个音xǐng,但是诗韵里却有三个音,平、上、去三读,不别义。诗韵"醒"字,平读在"九青"部,故此处注

音 xīng。屈原（前339？—前278），名平，字原，战国时楚国丹阳（今湖北秭归）人。楚公族。曾任左徒、三闾大夫等职。政治上主张举贤授能，外交方面主张联齐抗秦。初期深得楚怀王信任，后为令尹子兰、上官大夫所谗，被怀王疏远。流放沅、湘流域，投汨罗江自杀。著有《离骚》《九章》《九歌》等，开楚辞之体。

⑨倦绣：绣花绣累了。古诗文习用语。宋吴文英《青玉案》其二："新腔一唱双金斗。正霜落、分甘手。已是红窗人倦绣。"此二字，坊本多作"绣倦"，与下句"吮毫"不成对偶。今改为"倦绣"，则与下句"吮毫"皆是动宾结构，可以成为对偶。又，涂时相本，此处作"刺绣佳人，勤把鸳鸯文作枕；丹青名士，善将孔雀写为屏"。

⑩慵（yōng）：懒。

⑪吮（shǔn）毫：犹含毫吮笔。借指构思为文或绘画。古诗文习用语。宋欧阳修《南猺》："吮毫兼叠简，占作南猺诗。"

⑫孔雀屏：绘有孔雀的屏风。作为典故，则指窦毅招婿终得唐高祖李渊事。《新唐书·后妃传上·昭成窦皇后》："（窦毅）常谓主曰：'此女有奇相，且识不凡，何可妄与人？'因画二孔雀屏间，请昏者使射二矢，阴约中目则许之。射者阅数十，皆不合。高祖最后射，中各一目，遂归于帝。"后遂用作择婿之典。

## 【译文】

红色对紫色，白色对青色。

渔船上的灯火对佛寺的门。

唐朝的诗歌对汉代的史书，佛教的典籍对道教的经书。

乌龟摇动尾巴，白鹤梳理羽毛。

赏月的台榭对通风的凉亭。

一轮明月挂在秋夜，几颗星星映在黎明的天空。

晋代人只知道山简经常喝得大醉，楚国人有谁明白屈原的独醒。

绣花绣累了的女子，懒得把鸳鸯绣在枕套上；准备作画的画师，想将孔雀画到屏风上。

# （二）

行对坐，醉对醒。

佩紫对纡青①。

棋枰对笔架②，雨雪对雷霆。

狂蛱蝶③，小蜻蜓。

水岸对沙汀④。

天台孙绰赋⑤，剑阁孟阳铭⑥。

传信子卿千里雁⑦，照书车胤一囊萤⑧。

冉冉白云⑨，夜半高遮千里月；澄澄碧水⑩，宵中寒映一天星。

【注释】

①佩紫：佩挂紫色印绶。汉代相国、丞相皆金印紫绶。因以"佩紫"借指荣任高官。南朝宋刘义庆《世说新语·言语》："吾闻丈夫处世当带金佩紫。"纡（yū）青：佩带青色印绶。汉代九卿青绶。纡，垂，系。《文选·（扬雄）解嘲》："纡青拖紫，朱丹其毂。"唐李善注引《东观汉记》："印绶。汉制：公侯紫绶，九卿青绶。"佩紫纡青，借指地位显赫。

②棋枰（píng）：棋盘，棋局。唐司空图《丁巳元日》："移居荒药圃，耗志在棋枰。"

③狂蛱蝶：古诗文习用语。唐元稹《酬乐天东南行诗一百韵》："晚花狂蛱蝶，残蒂宿茱萸。"宋陆游《见蜂采桧花偶作》："来禽海棠相续开，轻狂蛱蝶去还来。"

④沙汀（tīng）：水边或水中的平沙地。宋陆游《小舟》："云气分山

迭,沙汀蹙浪痕。"

⑤天台:山名。在浙江天台。孙绰(chuò)赋:东晋孙绰曾经写过
《天台山赋》。见前注。

⑥剑阁:或称剑门,位于四川,为古蜀道要隘。剑门山即大剑山,古
称梁山、高梁山。山脉东西横亘,七十二峰绵延起伏,形若利剑。
峭壁中断处,两山相峙如门,故名剑门。唐人作诗咏之者甚多,
如李白《蜀道难》诗云:"剑阁峥嵘而崔嵬,一夫当关,万夫莫开。"
杜甫《剑门》诗亦云:"惟天有设险,剑门天下壮。"三国时诸葛
亮相蜀,曾设官戍守。关巅有姜维城,为姜维屯兵抗锺会处,遗址
至今犹存,今有剑门关石碑一座立于山口。孟阳铭(míng):指张
载(字孟阳)所作《剑阁铭》。《晋书·张载传》:"张载,字孟阳,
安平人也。父收,蜀郡太守。载性闲雅,博学有文章。太康初,
至蜀省父,道经剑阁。载以蜀人恃险好乱,因著铭以作诚曰:'岩
岩梁山,积石峨峨。远属荆、衡,近缀岷、嶓。南通邛、僰,北达褒
斜。狭过彭、碣,高逾嵩、华。惟蜀之门,作固作镇。是曰剑阁,
壁立千仞。穷地之险,极路之峻。世浊则逆,道清斯顺。闭由往
汉,开自有晋。秦得百二,并吞诸侯。齐得十二,田生献筹。矧兹
狭隘,土之外区。一人荷戟,万夫趑趄。形胜之地,非亲勿居。昔
在武侯,中流而喜。河山之固,见屈吴起。洞庭、孟门,二国不祀。
兴实由德,险亦难恃。自古及今,天命不易。凭阻作昏,鲜不败
绩。公孙既没,刘氏衔璧。覆车之轨,无或重迹。勒铭山阿,敢告
梁、益。'益州刺史张敏见而奇之,乃表上其文,武帝遣使镌之于
剑阁山焉。"孟阳,即张载,字孟阳,安平(今属河北)人。著名文
学家,与弟张协、张亢并称"三张"。作《剑阁铭》《榷论》《濛氾
赋》等篇,为司隶校尉傅玄所称赏。历官著作郎、乐安相、弘农太
守、长沙王记室督、中书侍郎。见世方乱,称疾告归。卒于家。

⑦子卿:即苏武,字子卿。余见前注。

⑧照书车胤（yìn）一囊（náng）萤：本句典出《晋书·车胤传》："胤
　恭勤不倦，博学多通。家贫不常得油，夏月则练囊盛数十萤火以
　照书，以夜继日焉。"车胤（？—401），字武子，南平（今湖南津市）
　人。少贫勤学，以练囊盛萤夜读。桓温辟为从事，迁征西长史，
　以博学显于朝廷。孝武帝时，不满司马道子擅权，称疾不出。安
　帝隆安初，累迁丹阳尹、吏部尚书。为司马元显逼令自杀。

⑨冉冉（rǎn）：此处形容白云缓缓飘动的样子。

⑩澄澄（chéng）：形容水清澈洁净。

**【译文】**

走动对安坐，沉醉对清醒。

佩着紫色的印带对垂着青色的印结。

棋盘对笔架，雨雪对雷霆。

飞舞的蝴蝶，小小的蜻蜓。

河岸对沙洲。

孙绰写过《天台山赋》，张载作过《剑阁铭》。

苏武用大雁从千里之外送信，车胤用一囊萤火虫照着读书。

半夜的时候，缓缓飘动的白云遮住了高高的明月；清澈的江水，在
夜里倒映着满天星斗。

# （三）

书对史①，传对经②。

鹦鹉对鹡鸰③。

黄茅对白荻④，绿草对青萍⑤。

风绕铎⑥，雨淋铃⑦。

水阁对山亭。

渚莲千朵白⑧，岸柳两行青。

汉代宫中生秀柞⑨,尧时阶畔长祥蓂⑩。

一枰决胜⑪,棋子分黑白;半幅通灵⑫,画色间丹青。

## 【注释】

①书:此处特指史书。"二十四史"有多部史书名"某书",如《汉书》
　《后汉书》《旧唐书》《新唐书》。

②传(zhuàn):注释或解释经义的文字,如《春秋公羊传》。经:经
　书,儒家经典,如《诗经》《易经》等。

③鹡鸰(jí líng):鸟类的一属。最常见的一种,身体小,头顶黑色,
　前额纯白色,嘴细长,尾和翅膀都很长,黑色,有白斑,腹部白色,
　吃昆虫和小鱼等。因《诗经·小雅·常棣》有"脊令在原,兄弟急
　难"句,后以"鹡鸰"比喻兄弟。

④荻(dí):多年生草本植物,生在水边,叶子长形,似芦苇,秋天开
　紫花,茎可以编席箔。

⑤青萍:水生植物,浮萍的别称。又写作"青苹"。

⑥风绕铎(duó):相传唐朝岐王李范曾在宫中的竹林内悬碎玉片。
　当听到碎玉片碰撞时发出的声音,就知道起风了,号称为"占风
　铎"。见五代王仁裕《开元天宝遗事·占风铎》:"岐王宫中于竹
　林内悬碎玉片子,每夜闻玉片子相触之声,即知有风,号为占风
　铎。"铎,本为大铃,形如铙、钲而有舌,古代宣布政教法令用的,亦
　为古代乐器。盛行于中国春秋至汉代。后亦指悬挂的小铃铛。

⑦雨淋铃:亦作"雨霖铃"。相传安史之乱时,马嵬兵变,杨贵妃屈
　死;唐玄宗入蜀,经斜谷,走栈道,赶上连日大雨,听见雨中铃声,
　在山谷中回应不绝,便创作了《雨霖铃》乐曲,以纪念杨贵妃。唐
　郑处诲《明皇杂录·补遗》:"明皇既幸蜀,西南行初入斜谷,属霖
　雨涉旬,于栈道雨中闻铃,音与山相应。上既悼念贵妃,採其声
　为《雨霖铃》曲,以寄恨焉。""雨霖铃",本是唐乐坊曲调名,后

用作词牌名。

⑧渚（zhǔ）莲：水边荷花。古诗文习用语。唐赵嘏《长安晚秋》："紫艳半开篱菊净，红衣落尽渚莲愁。"

⑨秀柞（zuò）：预示祥瑞的柞树。柞，是一种木质坚韧的树。汉代有五柞宫，故址在今陕西周至东南。《汉书·武帝纪》："二月，行幸盩厔五柞宫。"唐颜师古注引汉末张晏曰："有五柞树，因以名宫也。"《三辅黄图·甘泉宫》："五柞宫，汉之离宫也。"因宫内有五棵柞树连抱而生，人们以为预示祥瑞，所以用以名宫。

⑩祥蓂（míng）：又称"祥荚"，古代传说中的一种瑞草。相传尧时有蓂草生长在阶畔，每月初一长出一荚，到十五的时候就有十五个荚，十五之后每天落一个荚，月末的时候就全落光了，如果那个月是小月，就会余下一个荚，人们根据它来判断日月。见《竹书纪年·帝尧陶唐氏》："又有草夹阶而生。月朔始生一荚，月半而生十五荚。十六日以后日落一荚，及晦而尽。月小，则一荚焦而不落。名曰蓂荚。一曰历荚。"又，汉班固《白虎通义·祥瑞》："日历得其分度，则蓂荚生于阶间。蓂荚，树名也。月一日生一荚，十五日毕，至十六日一荚去，故荚阶而生，以明日月也。"

⑪枰（píng）：棋局。

⑫通灵：通于神灵。此处形容画艺绝妙，到了超凡入圣的境地。

## 【译文】

某书对某史，传对经。

鹦鹉对鹡鸰。

黄色的茅草对白色的芦荻，绿色的草对青色的浮萍。

风吹着铎，雨打着铃。

水边的阁对山上的亭。

水中开着很多洁白的莲花，岸上种着两行碧绿的柳树。

汉代的宫中，曾经长着预示祥瑞的柞树；尧统治时，台阶旁曾经长过代表祥瑞的蕙莱。

一局决定胜负,棋子分为黑白两种;一幅绝妙的画,用了红和绿两种颜色。

# 下平十蒸

## 【题解】

本篇共三段,皆为韵文。每段韵文,由若干句对仗的联语组成。每句皆押“平水韵”下平声“十蒸”韵。

本篇每句句末的韵脚字,“升”“鹰”“冰”“罾”“鹏”“灯”“蝇”“僧”“朋”“兴”“蒸”“滕”“登”“陵”“藤”等,在传统诗韵(“平水韵”)里,都归属于下平声“十蒸”这个韵部。这些字,在普通话里,韵母有的是“eng”,有的是“ing”;声调有读第一声的,有读第二声的。

需要注意的是:普通话“eng”“ing”等韵母的字,并不都属于“平水韵”下平声“十蒸”韵,也有可能属于下平声“八庚”韵、“九青”韵。下平声“十蒸”韵的字,和下平声“八庚”韵、“九青”韵是邻韵,填词时可以通押,写近体诗时不可通押。

本篇第一段五字句“燕雀对鸥鹏”,通行本《声律启蒙撮要》作“鹏鸥”,但“鸥”字在上平“十三元”韵,“鹏”字在下平“十蒸”韵,可知“鹏鸥”当是“鸥鹏”之倒文,今改作“鸥鹏”,以叶韵。且,明涂时相本作“鸥鹏”。

## (一)

新对旧,降对升。

白犬对苍鹰。

葛巾对藜杖①,涧水对池冰。

张兔网,挂鱼罾②。

燕雀对鸥鹏③。

炉中煎药火,窗下读书灯。

织锦逐梭成舞凤④,画屏误笔作飞蝇⑤。

宴客刘公⑥,座上满斟三雅爵⑦;迎仙汉帝⑧,宫中高插九光灯⑨。

**【注释】**

①葛(gé)巾:用葛布制成的头巾。《宋书·隐逸传·陶潜》:"郡将候潜,值其酒熟,取头上葛巾漉酒,毕,还复着之。"藜(lí)杖:见前注。

②鱼罾(zēng):渔网。罾,是一种用木棍或竹竿做支架的方形渔网,呈兜状,内置鱼饵,沉入水中,待鱼虾入网,将网提起捕捉。亦名"扳罾"。今南方水乡仍用。唐杜甫《寄刘峡州伯华使君》:"林居看蚁穴,野食待鱼罾。"

③燕雀:燕和雀。泛指小鸟。比喻卑微浅薄之人。《史记·陈涉世家》:"陈涉少时,尝与人佣耕,辍耕之垄上,怅恨久之,曰:'苟富贵,毋相忘。'庸者笑而应曰:'若为庸耕,何富贵也?'陈涉太息曰:'嗟乎,燕雀安知鸿鹄之志哉?'"鲲(kūn)鹏:传说中的大鸟名。语本《庄子·逍遥游》:"北冥有鱼,其名为鲲,鲲之大,不知其几千里也。化而为鸟,其名为鹏,鹏之背,不知其几千里也。"鲲,后讹为"鹍"。常以"鹍鹏"比喻才能卓异、志向高远的人。亦指鲲和鹏。唐白居易《禽虫十二章》之二:"蛙跳蛾舞仰头笑,焉用鹍鹏鳞羽多。"按,鳞指鹍言,羽指鹏言。鹍,当作"鲲"。本篇此句后二字,通行本《声律启蒙撮要》作"鹏鹍","鹍"字在上平"十三元"韵,"鹏"字在下平"十蒸"韵,可知当作"鹍鹏"。又,涂时相本《声律发蒙》此句恰作"燕雀对鹍鹏",可知"鹏鹍"当是"鹍鹏"之倒文。

④舞凤:指锦上的凤形图案。此种锦,称凤皇(凤凰)锦。《初学记·宝器部·锦》:"陆翙《邺中记》曰:御府中有凤皇锦、朱雀

锦。"《太平御览·布帛部二》引《邺中记》,云织锦署有"凤皇锦"。

⑤画屏误笔作飞蝇:本句典出《三国志·吴书》南朝宋裴松之注引《吴录》:"曹不兴善画,权使画屏风,误落笔点素,因就以作蝇。既进御,权以为生蝇,举手弹之。"三国时画家曹不兴给孙权画屏风,误将墨点落在画上,于是就画成小蝇,孙权见了,以为是真蝇,用手来弹它。

⑥刘公:指刘表(142—208),字景升,山阳高平(今山东微山)人。皇族远支。少时知名,名列清流"八俊"。献帝初平元年(190)为荆州刺史,得当地豪族支持,据有今湖北、湖南地方。李催、郭汜入长安,以表为镇南将军、荆州牧,封成武侯。不参与混战,爱民养士,从容自保。及曹操与袁绍相持于官渡,绍求助于表,表许而不至,亦不援曹操,欲观时变。操败绍后征表,未至,表病卒。子刘琮降曹。

⑦三雅爵:汉末刘表有大中小三号酒杯,大的叫伯雅,中等的叫仲雅,小的叫季雅,宴客的时候,供宾客随意取用。《太平御览·饮食部·酒下》引三国魏曹丕《典论》曰:"刘表有酒爵三:大曰伯雅,次曰仲雅,小曰季雅。伯雅容七升,仲雅六升,季雅五升。"《太平广记·器玩》亦引之。

⑧汉帝:指汉武帝刘彻(前156—前87)。景帝中子。在位期间,行"推恩令",使诸侯王分地与子弟为侯,削弱诸侯国势力。设十三刺史部以加强控制。征收商贾车船税,行"告缗令",征收商贾资产税,以抑制富商。采桑弘羊议,实行冶铁、煮盐、铸钱官卖。设平准官、均输官,官营贸易与运输。行"代田法",兴修水利,移民屯田,发展农业。遣张骞通西域,派唐蒙至夜郎,建立西南七郡。又遣卫青、霍去病进击匈奴,保障北方。用董仲舒策,"独尊儒术",兼用法术刑名,强化封建统治。行封禅,求神仙,大兴土木,徭役繁重,以致农民流亡,天汉二年(前99),关东农民纷纷起事,

历经数年。自建元至后元曾改年号十一次,为帝王有年号之始。在位五十四年。

⑨九光灯:相传汉武帝曾在宫中点燃九光之灯以迎接西王母。《初学记·岁时部下》引《汉武帝内传》曰:"七月七日,乃扫除宫掖之内,张云锦之帷,燃九光微灯。夜二唱后,西王母驾五色之班龙上殿。"《太平御览·时序部》亦引之。

【译文】

崭新对陈旧,下降对上升。

白色的狗对黑色的鹰。

葛布头巾对藜条手杖,山涧中的水对池塘里的冰。

张开捕兔的网,放好捕鱼的罾。

胸无大志的燕雀对胸怀天下的鹍鹏。

炉子中燃着煎药的火,窗下亮着读书的灯。

织锦时,丝线随着梭子飞舞,织成凤凰图案;画屏时,因误落墨点,画成苍蝇形状。

刘表招待宾客,桌上三种型号的酒杯都倒满美酒;汉武帝迎接西王母,在宫中点起九光灯。

# (二)

儒对士,佛对僧。

面友对心朋①。

春残对夏老,夜寝对晨兴②。

千里马③,九霄鹏④。

霞蔚对云蒸⑤。

寒堆阴岭雪⑥,春泮水池冰⑦。

亚父愤生撞玉斗⑧,周公誓死作《金縢》⑨。

将军元晖，莫怪人讥为饿虎；侍中卢昶，难逃世号作饥鹰⑩。

**【注释】**

①面友：貌合神离的朋友。汉扬雄《法言·学行》："朋而不心，面朋也；友而不心，面友也。"心朋：知心朋友。

②寝：睡。晨兴：早起。

③千里马：原指善跑的骏马，可以日行千里。常用来比喻人才，特指有才华的青少年。

④九霄鹏：在高空翱翔的大鹏鸟，比喻非同寻常的人才。九霄，指天之极高处，高空。

⑤霞蔚（wèi）：云霞盛起。云蒸：云气升腾。二者皆古诗文习用语。多连用，且多写作"云兴霞蔚"。南朝宋刘义庆《世说新语·言语》："顾长康从会稽还，人问山川之美，顾云：'千岩竞秀，万壑争流，草木蒙笼其上，若云兴霞蔚。'"金元好问《范宽秦川图》："云兴霞蔚几千里，著我如在峨嵋巅。"

⑥阴岭：背阳的山岭。古诗文习用语。唐祖咏《终南望余雪》："终南阴岭秀，积雪浮云端。"唐许浑《对雪》："阴岭有风梅艳散，寒林无月桂华生。"

⑦泮（pàn）：冰面因天气变暖而开裂、消解。

⑧亚父愤生撞玉斗（dǒu）：本句典出《史记·项羽本纪》："沛公已去，间至军中，张良入谢，曰：'沛公不胜杯杓，不能辞。谨使臣良奉白璧一双，再拜献大王足下；玉斗一双，再拜奉大将军足下。'项王曰：'沛公安在？'良曰：'闻大王有意督过之，脱身独去，已至军矣。'项王则受璧，置之坐上。亚父受玉斗，置之地，拔剑撞而破之，曰：'唉！竖子不足与谋。夺项王天下者，必沛公也，吾属今为之虏矣。'"鸿门宴上，刘邦脱身后，张良代替刘邦向项羽

赠玉璧一双，向范增赠送玉斗一双。范增大怒，撞碎了玉斗。亚父，指项羽的谋士范增，项羽尊称其为"亚父"，谓尊之仅次于父。范增（前277—前204），居鄛（今安徽巢湖）人。善计谋。秦末农民起事时，劝项梁立楚国贵族后裔以广号召。梁死，属项羽，为羽主要谋士。使羽称霸诸侯，被尊称"亚父"。屡次劝羽杀刘邦，羽不听。后刘邦使反间计，增为羽所疑，削职夺权，愤而离去，疽发背，卒于途。玉斗，玉制的斗型酒器。

⑨周公：即周公旦，武王弟，成王叔。见前注。《金縢（téng）》：《尚书》篇名。《尚书·周书·金縢·序》："武王有疾，周公作《金縢》。"唐孔颖达疏："武王有疾。周公作策书，告神请代武王死。事毕，纳书于金縢之匮，遂作《金縢》。"周武王生病时，周公曾经向三王祈祷，愿以自己来代替武王去死，史官把他祈祷时的祝策收藏于金縢柜中。后来周公被人污蔑有异心，周成王打开了金縢之书，从而知道了周公的清白忠义。

⑩"将军元晖（huī）"四句：典出《魏书·昭成子孙列传第三》："（元晖）再迁侍中，领右卫将军。虽无补益，深被亲宠。凡在禁中要密之事，晖别奉旨藏之于柜，唯晖入乃开，其余侍中、黄门莫有知者。侍中卢昶亦蒙恩昵，故时人号曰'饿虎将军，饥鹰侍中'。"元晖（？—519），北魏宗室，鲜卑族，字景袭。常山王拓跋遵曾孙。宣武帝时，为给事黄门侍郎。迁侍中，领右卫将军。因生性贪婪，时人号曰"饿虎将军"。迁吏部尚书，用官皆纳贿，有定价，时称"市曹"。出为冀州刺史，聚敛无极，百姓患之。孝明帝时，拜尚书左仆射，与任城王元澄、京兆王元愉等共决门下大事。卒谥文宪。卢昶（chǎng，？—516），字叔达，小字师颜，范阳涿县（今河北涿州）人。孝文帝太和初以太子中舍人、兼员外散骑常侍使南齐，有辱使命，归遂罢黜。宣武帝景明初，除中书侍郎，累迁侍中、兼吏部尚书。深得宠信，时人号曰"饥鹰侍中"。出除镇

东将军、徐州刺史。永平四年（511）表请取朐山，惨败免官。未几，复为雍州刺史，卒于任。谥号为穆，赠征北将军、冀州刺史。

**【译文】**

儒家对士人，佛教对僧人。

表面的朋友对知心的友人。

春天就要结束对夏天快到尽头，晚上睡觉对早晨起床。

能奔驰千里的骏马，可以飞上九天的大鹏。

彩霞很多对云朵密集。

寒天背阴的山岭堆满雪，春天池塘的冰融化。

亚父生气撞碎了玉斗，周公作《金滕》书发誓愿代替武王死。

将军元晖凶狠残暴，难怪人们讥刺他为饥饿的老虎；侍中卢昶贪婪成性，不可避免地被世人称作饥饿的老鹰。

# （三）

规对矩①，墨对绳②。

独步对同登③。

吟哦对讽咏④，访友对寻僧⑤。

风绕屋，水襄陵⑥。

紫鹄对苍鹰⑦。

鸟寒惊夜月⑧，鱼暖上春冰⑨。

扬子口中飞白凤⑩，何郎鼻上集青蝇⑪。

巨鲤跃池，翻几重之密藻⑫；颠猿饮涧，挂百尺之垂藤。

**【注释】**

①规：画圆的工具。矩：画方的工具。《礼记·经解》："规矩诚设，不可欺以方圆。"唐孔颖达疏："规所以正圆，矩所以正方。"规矩，

指礼法,法度。《史记·礼书》:"人道经纬万端,规矩无所不贯,诱进以仁义,束缚以刑罚。"

②绳:木工用的墨线,引申为标准、法则,又引申为按一定的标准去衡量、纠正。绳墨,木工画直线用的工具。《礼记·经解》:"故衡诚县,不可欺以轻重;绳墨诚陈,不可欺以曲直;规矩诚设,不可欺以方圆。"喻规矩、准则。汉张衡《思玄赋》:"竦余身而顺止兮,遵绳墨而不跌。"

③独步:独自行走。亦指超群出众。《慎子·外篇》:"(蔺相如)谓慎子曰:'人谓秦王如虎,不可触也,仆已摩其顶,拍其肩矣。'慎子曰:'善哉,先生天下之独步也。'"《后汉书·逸民传·戴良》:"我若仲尼长东鲁,大禹出西羌,独步天下,谁与为偶!"

④吟哦:有节奏地诵读。亦指推敲诗句,写作诗词。讽咏:讽诵吟咏。

⑤寻僧:探望、拜访僧人朋友。

⑥襄(xiāng)陵:大水漫上丘陵。语本《尚书·尧典》:"汤汤洪水方割,荡荡怀山襄陵。"孔传:"襄,上也。"

⑦鹄(hú):天鹅。"黄鹄"是古诗文习用语,"紫鹄"相对罕见,清人诗文或有用之。陈维崧《瀛台赐宴诗序》:"即或弋来紫鹄,落隽永于云端。"

⑧鸟寒惊夜月:本句为古诗文常见意象。宋辛弃疾《西江月·夜行黄沙道中》:"明月别枝惊鹊,清风半夜鸣蝉。"宋施枢《和东圃郑震见寄》:"月冷鸟惊夜,霜明鸡唤晨。"

⑨上春冰:语本《礼记·月令》:"(孟春之月)东风解冻,蛰虫始振,鱼上冰,獭祭鱼,鸿雁来。"

⑩扬子:指汉代文人扬雄。见前注。口中飞白凤:《西京杂记》:"雄著《太玄经》,梦吐凤凰,集《玄》之上。"后因以"吐凤"称颂文才或文字之美。

⑪何郎：指何晏（190—249），字平叔，南阳宛（今河南南阳宛城区）人。何进孙。随母为曹操收养。少以才秀知名。娶魏公主。美姿容，面白，人称"傅粉何郎"。齐王芳正始中，曹爽辅政，累官散骑侍郎、尚书，典选举，晋人傅咸谓其所用官吏皆能称职。赐爵列侯。坐曹爽同党，为司马懿所杀。好《老》《庄》，援老入儒，其说以贵无为本。与夏侯玄、王弼等倡玄学，事清谈，形成一时风气。撰有《论语集解》等。鼻上集青蝇：何晏梦见青蝇数十只集在鼻端，管辂认为是凶兆。典出《三国志·魏书·方技传》："（正始九年）十二月二十八日，吏部尚书何晏请之，邓飏在晏许。晏谓辂曰：'闻君著爻神妙，试为作一卦，知位当至三公不？'又问：'连梦见青蝇数十头，来在鼻上，驱之不肯去，有何意故？'辂曰：'夫飞鸮，天下贱鸟，及其在林食椹，则怀我好音，况辂心非草木，敢不尽忠？昔元、凯之弼重华，宣惠慈和，周公之翼成王，坐而待旦，故能流光六合，万国咸宁。此乃履道休应，非卜筮之所明也。今君侯位重山岳，势若雷电，而怀德者鲜，畏威者众，殆非小心翼翼多福之仁。又鼻者艮，此天中之山（裴松之案：相书谓鼻之所在为天中。鼻有山象，故曰'天中之山'也），高而不危，所以长守贵也。今青蝇臭恶，而集之焉。位峻者颠，轻豪者亡，不可不思害盈之数，盛衰之期。是故山在地中曰谦，雷在天上曰壮；谦则哀多益寡，壮则非礼不履。未有损己而不光大，行非而不伤败。愿君侯上追文王六爻之旨，下思尼父象象之义，然后三公可决，青蝇可驱也。'"

⑫藻（zǎo）：水草。

## 【译文】

圆规对矩尺，墨斗对墨线。

独自领先对共同并列。

吟诗对诵文，拜访朋友对探望僧人。

大风在房外吹,大水漫过丘陵。

紫色的天鹅对黑色的老鹰。

天气寒冷,鸟在月夜鸣叫;气温变暖,鱼儿跃出春天的薄冰。

扬雄曾经梦见自己的口中飞出白凤,何晏曾经梦见自己的鼻子上停着苍蝇。

大鲤鱼从池塘中跃出,需要穿过多层茂密的水藻;山顶的猴子到山涧中喝水,需要扯住很长的藤条。

# 下平十一尤

**【题解】**

本篇共三段,皆为韵文。每段韵文,由若干句对仗的联语组成。每句皆押"平水韵"下平声"十一尤"韵。

本篇每句句末的韵脚字,"忧""游""牛""愁""头""秋""楼""洲""鸠""舟""钩""裘""流""幽""畴"等,在传统诗韵("平水韵")里,都归属于下平声"十一尤"这个韵部。这些字,在普通话里,韵母都含"ou",有的带介音(韵头)"i";声调有读第一声的,有读第二声的。

## (一)

荣对辱,喜对忧。

夜宴对春游。

燕关对楚水,蜀犬对吴牛①。

茶敌睡②,酒消愁。

青眼对白头③。

马迁修《史记》④,孔子作《春秋》⑤。

适兴子猷常泛棹⑥,思归王粲强登楼⑦。

窗下佳人,妆罢重将金插鬓⑧;筵前舞妓,曲终还要锦缠头<sup>⑨</sup>。

**【注释】**

①蜀（shǔ）犬：蜀地的狗。蜀地多雾，不常见日，每逢日出，狗皆疑而惊叫。唐柳宗元《答韦中立论师道书》："屈子赋曰：'邑犬群吠，吠所怪也。'仆往闻庸蜀之南，恒雨少日，日出则犬吠。"后遂以"蜀犬吠日"比喻少见多怪。吴牛：吴地的水牛。吴地之牛畏热，见月亦疑为日，喘息不已。《太平御览》引汉应劭《风俗通》："吴牛望见月则喘；使之苦于日，见月怖，喘矣！"后遂用作典故。南朝宋刘义庆《世说新语·言语》："满奋畏风，在晋武帝坐；北窗作琉璃屏，实密似疏，奋有难色。帝笑之，奋答曰：'臣犹吴牛见月而喘。'"亦比喻因受某事物之苦而畏惧其类似者。

②茶敌睡：指饮茶可以让人睡意全无，即战胜睡魔。元明以来古诗文习用语。元末明初陶宗仪《严寒次粟隐德上人韵二首》其一："茶敌睡魔浮玉乳，酒烘吟脸晕红潮。"

③青眼：见前注。

④马迁：指汉代司马迁，他写了《史记》。详见前注。

⑤《春秋》：儒家经典，编年体史书名。相传孔子据鲁史修订而成。所记起于鲁隐公元年（前722），止于鲁哀公十四年（前481），凡二百四十二年。叙事极简，用字寓褒贬。为其作传者，以《左氏》《公羊》《穀梁》最著，并称"《春秋》三传"。

⑥适兴子猷（yóu）常泛棹（zhào）：本句典出《世说新语·任诞》："王子猷居山阴，夜大雪，眠觉，开室，命酌酒。四望皎然，因起彷徨，咏左思《招隐诗》。忽忆戴安道，时戴在剡，即便夜乘小船就之。经宿方至，造门不前而返。人问其故，王曰：'吾本乘兴而行，兴尽而返，何必见戴？'"王徽之（字子猷）与戴逵是好朋友，他住在山阴（今浙江绍兴），有天晚上夜雪初停，月色非常好，

他开始思念戴逵,于是当夜就乘着小船去探访戴逵。当时戴逵
在剡县,子猷乘船走了一夜才到,结果到了戴逵门口的时候,他
却不进去又返回了山阴。人家问他原因,他说我本是乘着兴致
去,兴致尽了就回来,为什么必定要见戴逵呢?子猷,即王徽之
(338?—388),字子猷,琅邪临沂(今山东临沂)人。王羲之子,
王献之兄。东晋名士,曾为大司马桓温参军、车骑将军桓冲参
军,官至黄门侍郎。为人任性放达,不乐居官,后遂辞官。

⑦王粲(càn,177—217):字仲宣,山阳高平(今山东微山)人。名门
之后(太尉王龚曾孙、司空王畅之孙),少时即为名流蔡邕赏识。
因关中骚乱,前往荆州依靠刘表,客居荆州十余年,因貌寝短小,
不为所重。后归曹操,辟为丞相掾,赐爵关内侯。迁军谋祭酒。
魏国既建,官侍中。博学多识,善属文,有诗名,为“建安七子”
之一。所作《七哀诗》《登楼赋》颇著名。强:勉强。登楼:王粲滞
留荆州的时候,意不自得,且痛家国丧乱,乃以“登楼”为题作赋,
借写眼前景物,以抒郁愤之情。后词曲中常以“王粲登楼”喻士
不得志而怀故土之思。

⑧金插鬓(bìn):指将金质首饰插在发间。古诗文常用语。明王汝
玉《追赋杨氏夜游》其三:“插鬓金鸾小,填蛾翠雁斜。”

⑨锦缠(chán)头:古代歌舞艺人演毕,客以罗锦为赠,置之头上,
谓之“锦缠头”。后又作为赠送女妓财物的通称。唐杜甫《即
事》:“笑时花近眼,舞罢锦缠头。”清仇兆鳌注引《通鉴注》:“旧
俗赏歌舞人以锦彩,置之头上,谓之锦缠头。”

**【译文】**

荣誉对羞辱,欢喜对忧愁。

夜晚宴客对春日出游。

燕地的关塞对楚地的江水,四川地区对着太阳叫唤的狗对江南一
带对着月亮喘息的牛。

茶能使人睡不着，酒能让人忘忧愁。

青眼眸对花白头。

司马迁写了《史记》，孔子作了《春秋》。

随心自在的王徽之经常划船出游，思念故乡的王粲勉强登楼远眺。

窗下的佳人，梳妆好之后重新把金钗插到发间；酒筵前歌舞的伶人，一曲结束后照例索要锦缎作赏赐。

# （二）

唇对齿，角对头。

策马对骑牛①。

毫尖对笔底，绮阁对雕楼②。

杨柳岸，荻芦洲③。

语燕对啼鸠④。

客乘金络马⑤，人泛木兰舟⑥。

绿野耕夫春举耜⑦，碧池渔父晚垂钩。

波浪千层，喜见蛟龙得水；云霄万里，惊看雕鹗横秋⑧。

## 【注释】

①策马：用马鞭抽打马，驱马使行。策，古代的一种马鞭子，头上有尖刺。古诗文习用语。唐韩愈《送侯参谋赴河中幕》："策马谁可适，晤言谁为应。"

②绮（qǐ）阁：华丽的楼阁。古诗文习用语。唐李世民《初秋夜坐》："斜廊连绮阁，初月照宵帏。"雕楼：华丽的阁楼。雕，指雕梁画栋。

③荻（dí）芦洲：古诗文习用语。宋方惟深《渔父》："买酒解衣杨柳岸，得鱼吹火荻芦洲。"荻，一种生在水边的植物，和芦相似但是叶子比芦叶宽。

④语燕：鸣叫的燕子，像是人在呢喃低语，故称"语燕"。古诗文习
用语。唐王涯《闺人赠远五首》其四："啼莺绿树深，语燕雕梁
晚。"啼鸠（jiū）：啼鸣的斑鸠。古诗文习用语。宋邹应龙《游宝林
寺》："乳燕啼鸠三月暮，淡云疏雨午时天。"

⑤金络（luò）马：指配金络头的良马。金络，指以黄金装饰的马笼
头。古诗文习用语。唐骆宾王《帝京篇》："宝盖雕鞍金络马，兰
窗绣柱玉盘龙。"

⑥木兰舟：用木兰树造的船。南朝梁任昉《述异记》："木兰洲在浔
阳江中，多木兰树。昔吴王阖闾植木兰于此，用构宫殿也。七里
洲中，有鲁般刻木兰为舟，舟至今在洲中。诗家云木兰舟，出于
此。"后常用为船的美称。

⑦举耜（sì）：指以耜耕地。耜，原始翻土农具"耒耜"的下端，形状
像今的铁锹和铧，最早是木制的，后用金属制。古诗文习用语。
《宋史·乐志》载《郊庙朝会歌辞·亲耕藉田七首·公卿耕藉》：
"率时农夫，举耜载扬。"

⑧雕鹗（è）：两种能飞的猛禽。唐杜甫《奉赠严八阁老》："蛟龙得
云雨，雕鹗在秋天。"横秋：此处指猛禽飞行于秋天的高空。

## 【译文】

嘴唇对牙齿，角对头。

驱马对骑牛。

笔尖对笔底，精美的阁对华丽的楼。

种着柳树的堤岸，长满芦荻的沙洲。

呢喃的燕子对啼叫的斑鸠。

客人骑着用黄金装饰络头的名马，游人荡着木兰做的船。

春天来了，农夫在绿原上耕地；傍晚时分，渔翁在池塘边钓鱼。

蛟龙在水中翻起千层波浪，令人心花怒放；雕鹗直上万里云霄，让
人目瞪口呆。

## （三）

庵对寺<sup>①</sup>，殿对楼。

酒艇对渔舟<sup>②</sup>。

金龙对彩凤，羵豕对童牛<sup>③</sup>。

王郎帽<sup>④</sup>，苏子裘<sup>⑤</sup>。

四季对三秋。

峰峦扶地秀<sup>⑥</sup>，江汉接天流。

一湾绿水渔村小，万里青山佛寺幽。

龙马呈河，羲皇阐微而画卦<sup>⑦</sup>；神龟出洛，禹王取法以陈畴<sup>⑧</sup>。

【注释】

①庵（ān）：佛寺，多指尼姑修行的寺院。

②酒艇（tǐng）：饮酒游玩的小船。艇，轻便的小船。古诗文习用语。宋彭汝砺《寄庭佐弟与润之同作》："红炉双酒艇，清夜一诗篇。"

③羵（fén）豕：去势（阉割）的大猪。《周易·大畜》："六五，羵豕之牙，吉。"童牛：无角之牛，小牛。《周易·大畜》："六四，童牛之牿，元吉。"唐陆德明《释文》："童牛，无角牛也。"

④王郎帽：典出《晋书·外戚传·王濛》："（王濛）奉禄资产常推厚居薄，喜愠不形于色，不修小洁，而以清约见称。善隶书。美姿容，尝览镜自照，称其父字曰：'王文开生如此儿邪！'居贫，帽败，自入市买之，妪悦其貌，遗以新帽，时人以为达。"晋代王濛长得非常英俊，帽子破了，自己去集市上买，卖帽子的老妇看他长得漂亮讨人喜欢，就送了他一顶新帽子。王郎，指王濛（约309—约347），字仲祖，太原晋阳（今山西太原）人。哀帝王皇后父。少放

纵不羁,不为乡曲所齿,晚节克己励行,以清约见称,善隶书。司徒王导辟为掾,补长山令,徙中书郎。长于清谈,穆帝永和二年(346)司马昱为会稽王辅政,贵幸之,与谈客刘惔号为入室之宾。转司徒左长史。年三十九病卒。

⑤苏子裘(qiú):典出《战国策·秦策·苏秦始将连横》:"(苏秦)说秦王书十上而说不行,黑貂之裘弊,黄金百斤尽,资用乏绝,去秦而归。羸縢履跻,负书担橐,形容枯槁,面目犁黑,状有归色。归至家,妻不下纴,嫂不为炊,父母不与言。苏秦喟叹曰:'妻不以我为夫,嫂不以我为叔,父母不以我为子,是皆秦之罪也!'"苏子,指苏秦,字季子,洛阳(今属河南)人。战国纵横家,曾经游说秦国,但是他的理论不被采用,生活非常困顿,穿的黑貂裘也已经破旧不堪。主张合纵攻秦。先奉燕昭王命入齐,进行反间活动,使齐疲于对外战争。齐湣王时任齐相。与赵国李兑一起约五国合纵攻秦,迫使秦归还部分侵占的魏、赵之地。齐亦乘机攻灭宋国。后来燕将乐毅联合五国大举攻齐,他的反间活动暴露,被车裂处死。

⑥峰峦扶地:指峰峦拔地而起。

⑦"龙马呈河"二句:相传龙马自河中负图而出,伏羲氏以之画八卦。《尚书·顾命》:"大玉、夷玉、天球、河图,在东序。"旧题汉孔安国传:"伏羲王天下,龙马出河,遂则其文,以画八卦,谓之河图。"《周易·系辞上》:"河出图,洛出书,圣人则之。"北魏郦道元《水经注·河水一》:"粤在伏羲,受龙马图于河,八卦是也。"羲(xī)皇,指伏羲氏,古三皇之一。阐(chǎn)微,阐明精微深奥的道理。

⑧"神龟出洛"二句:相传神龟自洛水负书而出,夏禹据洛书写《洪范》九畴。《尚书·周书·洪范》:"箕子乃言曰:'我闻在昔,鲧堙洪水,汩陈其五行。帝乃震怒,不畀洪范九畴,彝伦攸斁。鲧则殛死,禹乃嗣兴,天乃锡禹洪范九畴,彝伦攸叙。初一曰五行,次

二曰敬用五事，次三曰农用八政，次四曰协用五纪，次五曰建用
皇极，次六曰乂用三德，次七曰明用稽疑，次八曰念用庶征，次九
曰向用五福、威用六极。"孔传："天与禹，洛出书，神龟负文而
出，列于背，有数至于九。禹遂因而第之，以成九类，常道所以
次叙。"汉马融注："从'五行'已下至'六极'，《洛书》文也。"陈畴
（chóu），献谋。此处指贡献《洪范》九畴。畴，类。指传说中天
帝赐给禹治理天下的九类大法，即《洛书》。

**【译文】**

尼庵对佛寺，大殿对高楼。

游玩的艇对打鱼的船。

金色的龙对彩色的凤，阉割过的大猪对没长角的小牛。

王濛的帽子，苏秦的貂裘。

四季对三秋。

山峦从地面高高耸起，长江和汉水似乎要流到天尽头。

一湾碧绿的江水围绕着小小的渔村，连绵的青山环绕着幽静的
佛寺。

相传龙马自河中负图而出，伏羲氏根据它画成八卦；传说神龟自洛
水负书而出，夏禹据洛书写《洪范》九畴。

# 下平十二侵

**【题解】**

本篇共三段，皆为韵文。每段韵文，由若干句对仗的联语组成。每
句皆押"平水韵"下平声"十二侵"韵。

本篇每句句末的韵脚字，"心""琴""砧""森""参""金""阴""今"
"禽""深""襟""吟""霖""针"等，在传统诗韵（"平水韵"）里，都归属于下
平声"十二侵"这个韵部。这些字，在普通话里，韵母有的是"in"，有的是
"en"；声调有读第一声的，有读第二声的。

需要注意的是:普通话"en""in"等韵母的字,并不都属于"平水韵"下平声"十二侵"韵,也有可能属于上平声"十一真""十二文""十三元"韵。尤需注意的是:下平声"十二侵"韵的字,和上平声"十一真"韵、"十二文"韵、"十三元"韵不是邻韵,不仅写近体诗时不可通押,填词时亦不可以通押。这是因为,"十二侵"韵属于闭口韵,即它的韵母实际上是收[m]尾,而非[n]尾。在中古音系统里,下平声"十二侵"和上平声"十一真""十二文""十三元"韵,它们的韵尾不同。

本篇第三段五字句"素志对丹心",亦是借对的一种。丹义为红,素有白义。素志之"素"为平素、素来之义,借素白之义,与丹对偶。

# (一)

眉对目,口对心。
锦瑟对瑶琴①。
晓耕对寒钓,晚笛对秋砧②。
松郁郁,竹森森③。
闵损对曾参④。
秦王亲击缶⑤,虞帝自挥琴⑥。
三献卞和尝泣玉⑦,四知杨震固辞金⑧。
寂寂秋朝⑨,庭叶因霜摧嫩色;沉沉春夜⑩,砌花随月转清阴⑪。

**【注释】**

①锦瑟(sè):漆有织锦纹的瑟。唐杜甫《曲江对雨》:"何时诏此金钱会,暂醉佳人锦瑟旁。"清仇兆鳌注引《周礼乐器图》:"饰以宝玉者曰宝瑟,绘文如锦者曰锦瑟。"瑟,一种弦乐器,有二十五根弦,一说本有五十弦。瑶(yáo)琴:用玉装饰的琴。古诗文习用

语。南朝宋鲍照《拟古》诗之七:"明镜尘匣中,瑶琴生网罗。"

②秋砧(zhēn):秋日捣衣的声音。砧,捣衣石。古诗文习用语。北周庾信《夜听捣衣》:"秋砧调急节,乱杵变新声。"

③森森:树木繁密貌。古诗文习用语。晋潘岳《怀旧赋》:"坟垒垒而接垄,柏森森以攒植。"

④闵(mǐn)损(前536—前487):字子骞,春秋时鲁国人。孔子弟子。性至孝。以德行与颜渊并称。鲁季氏请其任费邑长官,辞不就。曾参(zēng shēn,前505—前436):字子舆,春秋末年鲁国南武城(今山东临沂)人。与父曾皙子俱为孔子弟子。以孝行见称,主张"慎终追远,民德归厚"。提出"吾日三省吾身"修养方法。在孔门之中地位崇高,《论语》一书里即称其为"曾子"。相传著有《大学》,并传其学于子思。子思门人以之传于孟子。后世尊为"宗圣"。

⑤秦王亲击缶(fǒu):本句典出《史记·廉颇蔺相如列传》:"秦王使使者告赵王,欲与王为好会于西河外渑池。赵王畏秦,欲毋行。廉颇、蔺相如计曰:'王不行,示赵弱且怯也。'赵王遂行,相如从。廉颇送至境,与王诀曰:'王行,度道里会遇之礼毕,还,不过三十日。三十日不还,则请立太子为王。以绝秦望。'王许之,遂与秦王会渑池。秦王饮酒酣,曰:'寡人窃闻赵王好音,请奏瑟。'赵王鼓瑟。秦御史前书曰'某年月日,秦王与赵王会饮,令赵王鼓瑟'。蔺相如前曰:'赵王窃闻秦王善为秦声,请奏盆缶秦王,以相娱乐。'秦王怒,不许。于是相如前进缶,因跪请秦王。秦王不肯击缶。相如曰:'五步之内,相如请得以颈血溅大王矣!'左右欲刃相如,相如张目叱之,左右皆靡。于是秦王不怿,为一击缶。相如顾召赵御史书曰'某年月日,秦王为赵王击缶'。秦之群臣曰:'请以赵十五城为秦王寿。'蔺相如亦曰:'请以秦之咸阳为赵王寿。'秦王竟酒,终不能加胜于赵。赵亦盛设兵以待秦,秦不敢动。"缶,古代一种大肚子小口儿的盛酒瓦

器，亦可用作打击乐器。

⑥虞（yú）帝自挥琴：本句用舜帝弹五弦琴作《南风》歌典。《孔子家语·辩乐解》："昔者舜弹五弦之琴，造《南风》之诗，其诗曰：'南风之薰兮，可以解吾民之愠兮；南风之时兮，可以阜吾民之财兮。'"舜帝弹琴，歌《南风》，以求风调雨顺，惠及百姓。虞帝，即舜帝，舜号有虞氏。

⑦三献卞（biàn）和尝泣玉：本句典出《韩非子·和氏》："楚人和氏得玉璞楚山中，奉而献之厉王；厉王使玉人相之，玉人曰：'石也。'王以和为诳，而刖其左足。及厉王薨，武王即位，和又奉其璞而献之武王；武王使玉人相之，又曰：'石也。'王又以和为诳，而刖其右足。武王薨，文王即位，和乃抱其璞而哭于楚山之下，三日三夜，泣尽而继之以血。王闻之，使人问其故，曰：'天下之刖者多矣，子奚哭之悲也？'和曰：'吾非悲刖也，悲夫宝玉而题之以石，贞士而名之以诳，此吾所以悲也。'王乃使玉人理其璞而得宝焉，遂命曰'和氏之璧'。"卞和是春秋时期楚国人，他发现了一块玉璞，先后献给楚厉王、楚武王，都被认为是欺诈。等到楚文王即位后，他抱着璞石在荆山下哭，后来楚文王使人对璞石进行加工，果然得到一块美玉，称为和氏璧。

⑧四知杨震固辞金：本句典出《后汉书·杨震传》："（杨震）当之郡，道经昌邑，故所举荆州茂才王密为昌邑令，谒见，至夜怀金十斤以遗震。震曰：'故人知君，君不知故人，何也？'密曰：'暮夜无知者。'震曰：'天知，神知，我知，子知。何谓无知！'密愧而出。"东汉杨震赴任东莱太守途中，路过昌邑，昌邑县令王密带了十斤金子晚上送他，说没人知道，杨震说天知道、神知道、我知道、你知道，怎么能说没人知道呢？拒绝了王密的贿赂。杨震（？—124），字伯起，弘农华阴（今陕西华阴）人。习《欧阳尚书》，明经博览，时称为"关西孔子杨伯起"。年五十始举茂才，历任荆州刺

史、东莱太守、太仆、太常、司徒等职，安帝延光二年（123）为太尉，时帝乳母王圣与中常侍樊丰等贪横骄侈，震屡上疏切谏，为樊丰所诬，免官，自杀。他的儿子杨秉、孙子杨赐、曾孙杨彪，也都官至太尉。弘农杨氏与汝南袁氏，并为东汉"四世三公"的名门。

⑨寂寂：寂静无声、萧条萧瑟的样子。古诗文习用语。唐王维《寒食汜上作》："落花寂寂啼山鸟，杨柳青青渡水人。"秋朝（zhāo）：秋天的早上。

⑩沉沉：形容夜深，万物沉寂。古诗文习用语。唐李白《白纻辞》："月寒江清夜沉沉，美人一笑千黄金。"

⑪砌（qì）花：种在阶畔的花。古诗文习用语。唐宋之问《宴郑协律山亭》："砌花连菡萏，溪柳覆莓苔。"

**【译文】**

眉毛对眼睛，口对心。

华丽的瑟对精美的琴。

早起耕地对寒天钓鱼，傍晚的笛曲对秋天捣衣声。

松树茂盛，竹子细密。

闵损对曾参。

秦王亲自演奏击缶，虞帝亲自弹琴。

三次进献不成的卞和曾经抱着玉哭泣，认为有四者知道的杨震坚决拒绝贿金。

萧瑟的秋朝，庭院中的花叶被寒霜冻变了颜色；沉静的春夜，阶畔的花随着月亮移动影子。

# （二）

前对后，古对今。

野兽对山禽。

犍牛对牝马①，水浅对山深。

曾点瑟<sup>②</sup>，戴逵琴<sup>③</sup>。

璞玉对浑金<sup>④</sup>。

艳红花弄色<sup>⑤</sup>，浓绿柳敷阴<sup>⑥</sup>。

不雨汤王方剪爪<sup>⑦</sup>，有风楚子正披襟<sup>⑧</sup>。

书生惜壮岁韶华，寸阴尺璧<sup>⑨</sup>；游子爱良宵光景，一刻千金<sup>⑩</sup>。


【注释】

①犍（jiān）牛：阉过的公牛。《北史·蠕蠕传》："蠕蠕之人，昔来号为顽嚚，每来抄掠，驾牸牛奔遁，驱犍牛随之。"亦有人以健释犍，犍牛，即健壮的公牛。牝（pìn）马：母马。《韩非子·外储说左下》："孙叔敖相楚，栈车牝马，粝饼菜羹，枯鱼之膳，冬羔裘，夏葛衣，面有饥色，则良大夫也。""栈车牝马"，后被用为居官清廉俭朴的典实。

②曾（zēng）点瑟：典出《论语·先进》："'点！尔何如？'鼓瑟希，铿尔，舍瑟而作。对曰：'异乎三子者之撰。'子曰：'何伤乎？亦各言其志也。'曰：'莫春者，春服既成。冠者五六人，童子六七人，浴乎沂，风乎舞雩，咏而归。'夫子喟然叹曰：'吾与点也！'"有一次孔子问弟子志向，轮到曾点，当时他弹瑟正近尾声，铿的一声将瑟放下，站起身作答。曾点，字皙，春秋末期鲁国南武城（今山东临沂）人。与其子曾参俱为孔子弟子，以狂狷知名。

③戴逵（kuí）琴：典出《晋书·隐逸传》："太宰、武陵王晞闻其善鼓琴，使人召之，逵对使者破琴曰：'戴安道不为王门伶人！'晞怒，乃更引其兄述。述闻命欣然，拥琴而往。"晋人戴逵善于弹琴，武陵王司马晞一次召他弹琴，他不去，当着使者的面摔坏了琴，表示不作王门伶人。戴逵（？—395），字安道，谯国铚县（今安徽濉

溪）人。博学善谈论。善属文，能鼓琴，工人物、山水，擅宗教画，亦善雕塑。师事范宣。不乐当世，坚拒太宰武陵王司马晞召其鼓琴之命。后徙会稽郯县。王徽之曾雪夜访之，到门未入。晋孝武帝时，累征不至。

④璞（pú）玉、浑金：未经雕刻的玉，未经提炼的金。比喻天然美质，未加修饰。南朝宋刘义庆《世说新语·赏誉》："王戎目山巨源如璞玉浑金，人皆钦其宝，莫知名其器。"

⑤弄色：显现美色。宋苏轼《宿望湖楼再和》："新月如佳人，出海初弄色。"花弄色，是古诗文习用语。宋释道潜《次韵方平见寄》："黄花弄色近重阳，山果红梨迥得霜。"

⑥敷（fū）阴：（树木）铺陈浓阴。柳敷阴，是古诗文习用语。宋陈棣《次韵王有之主簿》其一："春归满目尽桑麻，岸柳敷阴荻有芽。"

⑦不雨汤王方剪爪：本句典出《尚书大传》卷二："汤伐桀之后，大旱七年，史卜曰：'当以人为祷。'汤乃剪发断爪，自以为牲，而祷于桑林之社，而雨大至，方数千里。"后遂以"剪爪"为祈雨之典实。另，《吕氏春秋·季秋纪·顺民》："昔者汤克夏而正天下。天大旱，五年不收，汤乃以身祷于桑林，曰：'余一人有罪，无及万夫。万夫有罪，在余一人。无以一人之不敏，使上帝鬼神伤民之命。'于是剪其发，䜴其手，以身为牺牲，用祈福于上帝。民乃甚说，雨乃大至。则汤达乎鬼神之化、人事之传也。"商汤王时发生旱灾，汤于是剪下自己的头发与指甲，到桑林祈祷，果然天降大雨。

⑧有风楚子正披襟（jīn）：本句典出战国宋玉《风赋》："楚襄王游于兰台之宫，宋玉景差侍，有风飒然而至，王乃披襟而当之曰：'快哉此风！寡人所与庶人共者邪？'"楚襄王游于兰台之宫，有风吹来，襄王敞开衣襟对着风来的方向。楚子，指楚襄王，即楚顷襄王，前298年—前263年在位。芈姓，熊氏，名横，楚怀王之子。披襟，敞开衣襟。多喻舒畅心怀。

⑨寸阴尺璧：语本《淮南子·原道训》："夫日回而月周,时不与人游,故圣人不贵尺之璧,而重寸之阴,时难得而易失也。"比喻珍惜光阴,将一寸光阴看得比直径一尺的玉璧还贵重。

⑩"游子爱良宵（xiāo）光景"二句：用宋苏轼《春夜》诗"春宵一刻值千金,花有清香月有阴"语典。光景,光阴,时光。唐李白《相逢行》："光景不待人,须臾发成丝。"一刻,表示时间。古以漏壶计时,一昼夜分为一百刻,至清初定为九十六刻。今用钟表计时,一刻为十五分钟。指短暂的时间,犹片刻。

**【译文】**

前对后,古对今。

野外的动物对山上的飞鸟。

阉过的公牛对母马,水清浅对山幽深。

曾点鼓瑟,戴逵弹琴。

未经剖分的玉石对没有提纯的金子。

花的颜色娇艳鲜红,柳树的树荫浓郁深绿。

天不下雨,汤王才剪下指甲求雨;起风时,楚王就敞开长襟吹风。

读书人珍惜青春时光,一寸光阴就等同一尺美玉;浪荡子弟爱惜良夜,一刻就价值千金。

## （三）

丝对竹①,剑对琴。

素志对丹心②。

千愁对一醉③,虎啸对龙吟。

子罕玉④,不疑金⑤。

往古对来今⑥。

天寒邹吹律⑦,岁旱傅为霖⑧。

渠说子规为帝魄<sup>⑨</sup>，侬知孔雀是家禽<sup>⑩</sup>。

屈子沉江，处处舟中争系粽<sup>⑪</sup>；牛郎渡渚，家家台上竞穿针<sup>⑫</sup>。

**【注释】**

① 丝、竹：分别代指弦乐器和管乐器。丝竹，代指音乐。

② 素志：平素的志愿。《三国志·魏志·荀彧传》："虽御难于外，乃心无不在王室，是将军匡天下之素志也。"丹心：赤诚的心。三国魏阮籍《咏怀》诗之五一："丹心失恩泽，重德丧所宜。"素志对丹心，亦是借对的一种。丹义为红，素有白义。素志之"素"为平素、素来之义，借素白之义，与丹对偶。

③ 千愁：许许多多的忧愁。一醉解千愁，是俗语，古诗文多用之。元吴澄《木兰花慢》："神疑藐姑冰雪，又何须、一醉解千愁。"

④ 子罕玉：典出《左传·襄公十五年》："宋人或得玉，献诸子罕。子罕弗受。献玉者曰：'以示玉人，玉人以为宝也，故敢献之。'子罕曰：'我以不贪为宝，尔以玉为宝。若以与我，皆丧宝也。不若人有其宝。'稽首而告曰：'小人怀璧，不可以越乡。纳此以请死也。'子罕置诸其里，使玉人为之攻之，富而后使复其所。"子罕是春秋时宋国大夫，有人送给他宝玉，他不收，并说我以不贪为宝。子罕，春秋宋国人，名乐喜。任司城，亦称"司城子罕"。鲁襄公十七年（前556）秋，宋平公筑高台，妨于农时，子罕请求俟农闲时再建，平公未允。二十七年（前546），向戌以倡议诸侯弭兵成功，请求封邑，因子罕反对而罢。二十九年（前544），宋饥，子罕请出公粟借贷，使大夫都出粟借贷。

⑤ 不疑金：典出《汉书·直不疑传》："直不疑，南阳人也。为郎，事文帝。其同舍有告归，误持其同舍郎金去。已而同舍郎觉，亡意不疑，不疑谢有之，买金偿。后告归者至而归金，亡金郎大惭，以

此称为长者。"汉朝人直不疑,被人怀疑偷金,便用自己的金子还给了失主,后来失主知道了金子的去向,明白是自己冤枉了直不疑,因此感到非常惭愧。不疑,即直不疑(?—前138),南阳(今属河南)人。文帝时为郎。治《老子》,为人善良,人称长者。迁中大夫。吴楚反,不疑将兵击之,以功封塞侯。景帝后元年间拜御史大夫。谥信。

⑥往古:古昔,从前。来今:现今,现世。往古来今,犹言古往今来。《鹖冠子·世兵》:"往古来今,事孰无邮?"《淮南子·齐俗训》:"往古来今谓之宙,四方上下谓之宇。"

⑦天寒邹(zōu)吹律:本句典出《论衡·寒温》:"燕有寒谷,不生五谷。邹衍吹律,寒谷可种。燕人种黍其中,号曰黍谷。"传说燕国有寒谷,天气十分寒冷,庄稼不生,邹衍于是吹动律管,天气转暖,万物都开始生长。邹,指邹衍(约前305—前240),一作"驺衍"。战国时齐国人。居稷下,曾历游魏、燕、赵等国,见尊于诸侯。燕昭王为筑碣石宫,亲往师之。好谈天文,时人称为"谈天衍"。提出五德转移说,认为每个朝代受土、木、金、火、水五行中一行支配,依五行相克顺序而循环,而兴亡又必有先兆。又提出大九州说,以天下为八十一州,中国仅为其中之一即赤县神州,每九州为一单元,有小海绕之,大九州另有大海绕之,此外即为天地之边际。

⑧岁旱傅(fù)为霖(lín):本句典出《尚书·说命上》:"命之曰:'朝夕纳诲,以辅台德。若金,用汝作砺;若济巨川,用汝作舟楫;若岁大旱,用汝作霖雨。启乃心,沃朕心,若药弗瞑眩,厥疾弗瘳;若跣弗视地,厥足用伤。惟暨乃僚,罔不同心,以匡乃辟。俾率先王,迪我高后,以康兆民。呜呼!钦予时命,其惟有终。'"傅,指傅说。详见前注(胥靡)。商王武丁以傅说为相,对他说,天若大旱,就以你为甘雨。意思是让他为老百姓解决实际问题。

⑨渠说子规为帝魄(pò):本句典出《蜀记》(《昭明文选·赋乙·京

都中•（左思）蜀都赋》唐李善注引）曰："昔有人姓杜名宇，王蜀，号曰望帝。宇死，俗说云宇化为子规。子规，鸟名也。蜀人闻子规鸣，皆曰望帝也。"详见前注（杜鹃）。渠，第三人称代词，他。子规，杜鹃鸟。传说杜鹃是蜀王杜宇死后所化。

⑩侬（nóng）知孔雀是家禽：本句典出《世说新语•言语》："梁国杨氏子，九岁，甚聪惠。孔君平诣其父，父不在，乃呼儿出，为设果。果有杨梅，孔指以示儿曰：'此是君家果。'儿应声答曰：'未闻孔雀是夫子家禽。'"又，《金楼子•捷对》："杨子州年七岁甚聪慧，孔永诣其父，父不在，乃呼儿出，为设果，有杨梅。永指示儿曰：'此真君家果。'儿答曰：'未闻孔雀是夫子家禽。'"孔姓客人到杨家做客，桌上摆的水果中有杨梅。孔姓客人指着杨梅说："这真是你家的果子啊。"杨家小朋友不假思索地回答说："没听说过孔雀是您家里养的鸟啊。"侬，我。侬在古诗文中作为人称代词，亦可指你，亦可泛指一般人。

⑪"屈子沉江"二句：屈原投江自杀后，人们为了纪念他，在端午节时，划龙舟竞赛，并做粽子扔到江里（后来往江里投粽子演变为吃粽子）。《荆楚岁时记》"（五月五日）是日竞渡"条下注："按：五月五日竞渡，俗为屈原投汨罗日，伤其死所，故命舟楫以拯之。"《艺文类聚•岁时中•五月五日》引《续齐谐记》曰："屈原五月五日投汨罗而死，楚人哀之，每至此日，以竹筒贮米，投水祭之。汉建武中，长沙欧回，白日忽见一人，自称三闾大夫，谓曰：'君当见祭甚善，但常所遗，苦蛟龙所窃。今若有惠，可以楝树叶塞其上，以五采丝缚之，此二物蛟龙所惮也。'回依其言。世人作粽，并带五色丝及楝叶，皆汨罗之遗风也。"

⑫"牛郎渡渚（zhǔ）"二句：相传农历的七月七日是牛郎织女相会的日子，同时这一天也是民间的乞巧节，家家都会设高台准备水果，年轻女子在暗处竞赛穿针，以祈求自己能变得心灵手巧。

渚,水中的小块陆地。《荆楚岁时记》:"是夕人家妇女结彩缕,穿
七孔针,或以金银输石为针,陈几宴酒脯瓜果于庭中,以乞巧。"

**【译文】**

丝做的弦乐器对竹做的管乐器,剑对琴。

平素的志向对忠诚的心灵。

千种忧愁对一场大醉,虎的咆哮对龙的吟啸。

子罕不贪图别人的美玉,直不疑甘愿拿出自己的黄金。

从前对现在。

苦寒之地,邹衍就吹动律管;大旱年月,傅说就像百姓的甘雨。

人说杜鹃鸟是蜀帝杜宇死后魂魄所化,我晓得孔雀是您孔姓人家
饲养的家禽。

每年屈原投江自杀的那天,到处都划龙舟,争着系粽子;牛郎过银
河与织女相会的时候,家家都在高台乞巧,比赛穿针。

# 下平十三覃

**【题解】**

本篇共三段,皆为韵文。每段韵文,由若干句对仗的联语组成。每
句皆押"平水韵"下平声"十三覃"韵。

本篇每句句末的韵脚字,"三""南""庵""蓝""潭""眈""酣""蚕"
"堪""覃""柑""惭""谈""男""甘""岚""骖"等,在传统诗韵("平水韵")
里,都归属于下平声"十三覃"这个韵部。这些字,在普通话里,韵母都
是"an";声调有读第一声的,有读第二声的。

需要注意的是:普通话"an"韵母的字,并不都属于"平水韵"下平声
"十三覃"韵,也有可能属于上平声"十三元"韵、"十四寒"韵、"十五删"
韵,或下平声"一先"韵、"十四盐"韵、"十五咸"韵。尤需注意的是:下平声
"十三覃"韵的字,和下平声"十四盐"韵、"十五咸"韵是邻韵,填词时
可以通押,写近体诗时不可通押。但和上平声"十三元"韵(一部分)、

"十四寒"韵、"十五删"韵及下平声"一先"韵不是邻韵,不仅写近体诗时不可通押,填词时亦不可以通押。这是因为,"十三覃"韵、"十四盐"韵、"十五咸"韵,属于闭口韵,即它的韵母实际上是收[m]尾,而非[n]尾。在中古音系统里,它们的韵尾不同。

# （一）

千对百,两对三。

地北对天南。

佛堂对仙洞①,道院对禅庵②。

山泼黛③,水浮蓝④。

雪岭对云潭。

凤飞方翙翙⑤,虎视已眈眈⑥。

窗下书生时讽咏,筵前酒客日耽酣⑦。

白草满郊⑧,秋日牧征人之马;绿桑盈亩,春时供农妇之蚕。

**【注释】**

①佛堂:指供奉佛像的堂殿、堂屋。仙洞:仙人的洞府。后蜀阎选《浣溪沙》:"刘阮信非仙洞客,嫦娥终是月中人。"借称道观。唐白居易《春题华阳观》:"帝子吹箫逐凤凰,空留仙洞号华阳。"原注:"观即华阳公主故宅。"

②道院:道士居住的地方。五代王周《道院》:"白日人稀到,帘垂道院深。"

③泼黛(dài):形容山色如一片墨绿。古诗文习用语。唐顾况《华山西岗游赠隐玄叟》:"群峰郁初霁,泼黛若鬟沐。"宋黄庭坚《诉衷情》:"山泼黛,水挼蓝。"黛,一种青黑色的颜料,古代的女子

用来画眉。

④浮蓝:形容天阔或水面呈一片蔚蓝。古诗文习用语。明李昌祺《幽居》:"谷深寒锁翠,溪阔暖浮蓝。"

⑤翙翙(huì):鸟飞动时发出的声音。语本《诗经·大雅·卷阿》:"凤凰于飞,翙翙其羽。"郑笺:"翙翙,羽声也。"

⑥眈眈(dān):贪婪而凶狠地注视。语本《周易·颐》:"六四,颠颐,吉。虎视眈眈,其欲逐逐,无咎。"

⑦耽(dān)酣:沉溺,爱好(喝酒)而沉醉其中。古诗文习用语。明苏葵《秋兴二首》其二:"耽酣量浅援陶止,欲赋才疏怯庾工。"

⑧白草:牧草。干熟时呈白色,故名。《汉书·西域传上·鄯善国》:"地沙卤,少田,寄田仰谷旁国。国出玉,多葭苇、柽柳、胡桐、白草。"唐颜师古注:"白草似莠而细,无芒,其干熟时正白色,牛马所嗜也。"唐岑参《过燕支寄杜位》:"燕支山西酒泉道,北风吹沙卷白草。"

【译文】

千对百,两对三。

大地的北方对天空的南部。

供佛的殿堂对神仙修练的洞府,道士居住的院子对禅僧修行的庵庙。

山青得像泼翻了绿色的颜料,水绿得像是漂浮着蓝色的颜料。

堆满积雪的山岭对飘着云气的深潭。

凤鸟才刚发出飞动的声音,老虎已经露出凶狠的眼光。

窗下的读书人不时朗诵,酒宴上的人们整日沉醉。

征戍的人秋天在长满白草的郊外放马,农妇春天在长满绿桑的原野上摘桑叶喂蚕。

# (二)

将对欲①,可对堪②。

德被对恩覃③。

权衡对尺度④，雪寺对云庵⑤。

安邑枣⑥，洞庭柑⑦。

不愧对无惭⑧。

魏徵能直谏⑨，王衍善清谈⑩。

紫梨摘去从山北⑪，丹荔传来自海南⑫。

攘鸡非君子所为，但当月一⑬；养狙是山公之智，止用朝三⑭。

**【注释】**

①将：将要。欲：想要。作副词用，与"将"同义。

②可：能。堪（kān）：能够。

③德被：恩德广布，无不覆盖。恩覃（tán）：与"德被"同义。覃，是蔓延、延伸到之义。德被、恩覃，一般用以歌颂天子之德，泽及万方，无所遗漏。

④权衡：是称量物体轻重的器具，引申为标准。《礼记·深衣》："规矩取其无私，绳取其直，权衡取其平。"《史记·范雎蔡泽列传》："平权衡，正度量，调轻重。"权，秤锤。衡，秤杆。尺度：计量物体长度的定制，引申为规则、标准。

⑤雪寺：雪中的寺庙。古诗文习用语。唐司空曙《过钱员外》："野园随客醉，雪寺伴僧归。"云庵（ān）：云中的庵堂，多指建造在高山顶上的房舍。古诗文习用语。宋苏轼《初自径山归述古召饮介亭以病先起》："惯眠处士云庵里，倦醉佳人锦瑟旁。"清王文诰题注："祖无择所作介亭，在山之极巅排衙石处。"

⑥安邑（yì）枣：典出《史记·货殖列传》："安邑千树枣……此其人皆与千户侯等。"在安邑拥有一千棵枣树，这种人的富裕程度可

比千户侯。安邑,古代都邑名,在今山西运城夏县,是战国时期魏国早期都城。自古以产枣闻名,一度作为宫廷贡品。《艺文类聚·果部下》:"魏文帝诏群臣曰:'南方有龙眼、荔枝,宁比西国蒲萄、石蜜乎? 酢且不如中国凡枣味,莫言安邑御枣也。'"《太平御览·果部二》亦引之。

⑦洞庭柑(gān):即洞庭橘。洞庭湖一带以盛产柑橘闻名。《太平广记·果部三·橘》引《山海经》曰:"洞庭之山,其木多橘。"《太平御览·饮食部·饼》引梁吴均《饼说》"洞庭负霜之橘"。《史记·货殖列传》云"蜀、汉、江陵千树橘",亦指泛洞庭湖地区盛产柑橘。

⑧不愧:不感到羞愧。《孟子·尽心上》:"仰不愧于天,俯不怍于人。"无惭:无所惭愧。南朝梁刘勰《文心雕龙·祝盟》:"神之来格,所贵无惭。"

⑨魏徵(zhēng)能直谏(jiàn):唐太宗时大臣魏徵,以敢于直言进谏出名。《旧唐书·魏徵传》:"徵状貌不逾中人,而素有胆智,每犯颜进谏,虽逢王赫斯怒,神色不移。"《新唐书·魏徵传》:"徵状貌不逾中人,有志胆,每犯颜进谏,虽逢帝甚怒,神色不徙,而天子亦为霁威。"魏徵(580—643),字玄成,馆陶(今属河北)人。隋末随李密起义,密败,降唐,太子建成引为洗马。太宗即位,擢为谏议大夫,封巨鹿县男。历官尚书右丞、秘书监、侍中、左光禄大夫、太子太师等职,进封郑国公。敢于直谏,史称诤臣。卒谥文贞。曾主持《隋书》《群书治要》编撰,《隋书》总序及《梁书》《陈书》《齐书》总论,皆出其手,时称良史。生平见两《唐书》本传。

⑩王衍(yǎn)善清谈:西晋大臣王衍最善玄谈。清谈,谓魏晋时期崇尚老庄、空谈玄理的风气。亦称"玄谈"。《晋书·王衍传》:"衍既有盛才美貌,明悟若神,常自比子贡。兼声名藉甚,倾动当世。妙善玄言,唯谈《老》《庄》为事。每捉玉柄麈尾,与手同色。义理有所不安,随即改更,世号'口中雌黄'。朝野翕然,谓之

'一世龙门'矣。累居显职,后进之士,莫不景慕放效。选举登朝,皆以为称首。矜高浮诞,遂成风俗焉。"王衍(256—311),字夷甫,琅邪临沂(今山东临沂)人。王戎从弟。初为太子舍人。累迁黄门侍郎。妙善玄言,唯谈《老》《庄》,义理不安,随即更改,时人称为"口中雌黄"。赵王伦杀贾后,衍以贾氏戚党,被禁锢。及伦篡位,衍佯狂斫婢以自免。"八王之乱"中累居显职,官至尚书令、司空、太尉。不以经国为念,专谋自保。司马越以为太傅军司。怀帝永嘉五年(311),越卒,衍为石勒所俘,因劝勒称帝,欲求自免,被勒所杀。

⑪紫梨:传说中的一种名贵梨子,色紫,为仙界之物。《艺文类聚·果部上·梨》引《尹喜内传》曰:"老子西游,省太真王母,共食紫梨。"引《洞冥记》曰:"涂山之背,梨大如升,色紫,千年一花,亦曰紫轻梨。"后遂成为古诗文习用语。唐卢纶《晚次新丰北野老家书事呈赠韩质明府》:"数派清泉黄菊盛,一林寒露紫梨繁。"山北:古时泛指终南、太华二山以北之地。《战国策·魏策三》:"所亡乎秦者,山北、河外、河内大县数百,名都数十。"元吴师道补正引《史记正义》:"山,华山也。"《旧唐书·窦建德传》:"请自滏口之道,乘唐国之虚,连营渐进,以取山北。"

⑫丹荔(lì):荔枝。因色红,故称。古诗文习用语。唐戴叔伦《春日早朝应制》:"丹荔来金阙,朱樱贡玉盘。"海南:旧指今海南岛地区。亦泛指南部滨海地区。

⑬"攘(rǎng)鸡非君子所为"二句:典出《孟子·滕文公下》:"今有人日攘其邻之鸡者,或告知曰:'是非君子之道。'曰:'请损之,月攘一鸡,以待来年然后已。'如知其非义,斯速已矣,何待来年?"孟子为了驳斥戴盈之的观点,曾经讲过一个寓言:有人每天都偷邻居的鸡,别人对他说:这不是君子应当有的行为。于是这个人就说:请准许我减少偷鸡的次数,每月偷一只鸡,来年就不再偷

了。比喻知道某件事情是不对的,却并不马上改正。

⑭"养狙(jū)是山公之智"二句:典出《庄子·齐物论》:"狙公赋芋,曰:'朝三而暮四。'众狙皆怒。曰:'然则朝四而暮三。'众狙皆说。"狙,猕猴。《庄子·齐物论》载:狙公养猴,分给猴子橡子,早上给三个晚上给四个,猴子都不高兴;后来改成早上给四个晚上给三个,所有的猴子都很开心。成语"朝三暮四"因此指本质不变,用改换名目的方法使人上当。后来常指变化多端或反复无常。

**【译文】**

即将对想要,可以对能够。

仁德覆盖对恩义延及。

称量轻重的工具对测量长度的工具,风雪笼罩的佛寺对云雾缭绕的道庵。

安邑产蜜枣,洞庭有甜柑。

不羞愧对没有愧色。

唐朝魏徵能够直言进谏,晋代王衍善于清谈玄言。

紫色的梨在山北摘去,红色的荔枝从海南运来。

偷鸡不是君子应有的行为,只能每月偷一只;养猴子是山公的聪明行为,只需要每天早上给三个橡子。

## （三）

中对外,北对南。

贝母对宜男①。

移山对浚井②,谏苦对言甘。

千取百③,二为三④。

魏尚对周堪⑤。

海门翻夕浪⑥,山市拥晴岚⑦。

新缔直投公子纻⑧，旧交犹脱馆人骖⑨。

文达淹通，已咏冰兮寒过水⑩；永和博雅，可知青者胜于蓝⑪。

## 【注释】

① 贝母：药名。多年生草本植物。叶子长形，似韭，花黄绿色，下垂像钟。鳞茎入药有止咳祛痰等作用。宜男：即萱草，古人认为孕妇佩带它则可以生男孩。《齐民要术·鹿葱》引晋周处《风土记》："宜男，草也，高六尺，花如莲。怀妊人带佩，必生男。"

② 移山：移动山岳。典出《列子·汤问》所载北山愚公举家移太行、王屋二山的寓言。《列子·汤问》："太形、王屋二山，方七百里，高万仞；本在冀州之南，河阳之北。北山愚公者，年且九十，面山而居。惩山北之塞，出入之迂也，聚室而谋，曰：'吾与汝毕力平险，指通豫南，达于汉阴，可乎？'杂然相许。其妻献疑曰：'以君之力，曾不能损魁父之丘。如太形、王屋何？且焉置土石？'杂曰：'投诸渤海之尾，隐土之北。'遂率子孙荷担者三夫，叩石垦壤，箕畚运于渤海之尾。邻人京城氏之孀妻有遗男，始龀，跳往助之。寒暑易节，始一反焉。河曲智叟笑而止之，曰：'甚矣汝之不惠！以残年余力，曾不能毁山之一毛；其如土石何？'北山愚公长息曰：'汝心之固，固不可彻；曾不若孀妻弱子。虽我之死，有子存焉。子又生孙，孙又生子；子又有子，子又有孙：子子孙孙，无穷匮也。而山不加增，何苦而不平？'河曲智叟亡以应。操蛇之神闻之，惧其不已也，告之于帝。帝感其诚，命夸蛾氏二子负二山，一厝朔东，一厝雍南。自此，冀之南、汉之阴无陇断焉。"后多以比喻不怕困难、坚持不懈干到底的顽强决心，或称颂有志者事竟成的坚毅精神。北周庾信《哀江南赋》："岂冤禽之能塞海，非愚叟之可移山。"浚（jùn）井：典出《孟子·万章上》："父母使舜

完廪，捐阶，瞽瞍焚廪。使浚井，出，从而掩之。"舜的父亲和后母让舜淘井，舜还在井里，他们就填土塞井，想将舜活埋。浚，深挖，疏通。

③千取百：指大夫的所得，占国君的十分之一。典出《孟子·梁惠王上》："万乘之国，弑其君者，必千乘之家；千乘之国，弑其君者，必百乘之家。万取千焉，千取百焉，不为不多矣。"宋朱子集注："千乘之国，诸侯之国。百乘之家，诸侯之大夫也。弑，下杀上也。餍，足也。言臣之于君，每十分而取其一分，亦已多矣。"

④二为三：典出《庄子·齐物论》："天地与我并生，而万物与我为一。既已为一矣，且得有言乎？既已谓之一矣，且得无言乎？一与言为二，二与一为三。自此以往，巧历不能得，而况其凡乎！故自无适有以至于三，而况自有适有乎！"

⑤魏尚（？—前157）：内史槐里（今陕西兴平）人。文帝时为云中守，善治军，军市租尽给士卒，又出私俸钱，杀牛以飨军吏，士卒咸效命，匈奴不敢近云中。后坐上功首虏差六级，吏议削爵罚作。赖郎中署长冯唐进谏文帝，得赦复职。事见《史记·冯唐传》。周堪（kān，？—约前40）：字少卿，齐国（今山东淄博临淄区）人。从夏侯胜受今文《尚书》。宣帝时，参与石渠阁会议论定"五经"，因学识优异，为太子少傅。元帝即位，为光禄大夫，与太傅萧望之并领尚书事，同心辅政。为中书令石显等所谮，免官。后又为光禄勋，左迁河东太守，后复拜为光禄大夫，领尚书事。以受制于石显，含恨而死。事见《汉书·儒林传》

⑥海门：海口。内河通海之处。古诗文习用语。唐韦应物《赋得暮雨送李胄》："海门深不见，浦树远含滋。"夕浪：夕阳照耀下的波浪。古诗文习用语。唐杜甫《泊岳阳城下》："岸风翻夕浪，舟雪洒寒灯。"

⑦山市：山区集市。古诗文习用语。唐张籍《送海客归旧岛》："竹

船来桂府，山市卖鱼须。"晴岚（lán）：晴日山中的雾气。古诗文习用语。唐郑谷《华山》："峭仞耸巍巍，晴岚染近畿。"

⑧新缔（dì）直投公子纻（zhù）：本句典出《左传·襄公二十九年》："（公子季札）聘于郑，见子产，如旧相识，与之缟带，子产献纻衣焉。"新缔，指刚刚订交。公子，指春秋时吴公子季札，他和子产一见如故，于是赠给子产白色丝织的腰带，子产回赠给他纻麻制的衣服。

⑨旧交犹脱馆人骖（cān）：本句典出《孔子家语》："孔子适卫，遇旧馆人之丧，入而哭之哀。出，使子贡脱骖以赠之。"孔子到卫国时，遇到过去所住馆所的人有丧事，就让子贡解下拉车外套的马骖帮助办理丧事。后因用为以财助人之急的典实。馆人，古代掌管馆舍的人。《左传·昭公元年》："不然，敝邑，馆人之属也，其敢爱丰氏之祧？"晋杜预注："馆人，守舍人也。"骖，驾车时在两边的马。古时四匹马驾车，中间的两匹称服，旁边的两匹称骖。

⑩"文达淹通"二句：典出《旧唐书·儒学上·盖文达传》："盖文达，冀州信都人也。博涉经史，尤明'三传'。性方雅，美须貌，有士君子之风。刺史窦抗尝广集儒生，令相问难，其大儒刘焯、刘轨思、孔颖达咸在坐，文达亦参焉。既论难，皆出诸儒意表，抗大奇之，问曰：'盖生就谁受学？'刘焯对曰：'此生岐嶷，出自天然。以多问寡，焯为师首。'抗曰：'可谓冰生于水而寒于水也。'"文达，即盖文达（578—644），字艺成，冀州信都（今河北冀州）人。博涉群书，尤明"《春秋》三传"。与宗人盖文懿俱以儒学知名，时称"二盖"。刺史窦抗尝集儒学大师刘焯、刘轨思、孔颖达等讲论，文达与焉，依经辨举，皆出诸儒意表，一座叹服。高祖武德中，授国子助教。太宗贞观初，召为文学馆直学士。十年（636），为谏议大夫。十三年（639），为国子司业。十八年（644），授崇贤馆学士。寻卒。淹通，（学问）精通，贯通。

⑪"永和博雅"二句：典出《北史·李谧传》："谧字永和，少好学，周

览百氏。初师事小学博士孔璠，数年后，璠还就谧请业。同门生为之语曰：'青成蓝，蓝谢青，师何常，在明经。'"本句及上句所涉语典，皆出自《荀子·劝学》："青，取之于蓝而青于蓝；冰，水为之而寒于水。"永和，即李谧（484—515），字永和，赵郡（今河北赵县）人。李安世子。少好学，通诸经，览百家书。初师事小学博士孔璠。数年后，璠还就谧请业。征辟皆不就。卒谧贞靖处士。著有《明堂制度论》。

**【译文】**

中间对外部，北方对南面。

贝母草对宜男草。

愚公移山对大舜淘井，劝诫的话很难接受对甜言蜜语让人听起来舒服。

《孟子》中有"千取百"的话，《庄子》中有"二为三"的句子。

同是汉代人的魏尚对周堪。

海口傍晚的时候翻腾起波浪，山市天晴的时候缭绕着烟气。

吴公子季札和子产一见如故，子产回赠给他纻麻制作的衣服；孔子遇到过去所住馆所的人有丧事，就让子贡解下拉车外套的马去赞助办理丧事。

盖文达博通经史，学识超过了他的老师，有人曾经说过冰由水形成却比水冷；李谧博览群书，他原来的老师反而向他请教问题，由此可想到青出于蓝但颜色却深于蓝。

# 下平十四盐

**【题解】**

本篇共三段，皆为韵文。每段韵文，由若干句对仗的联语组成。每句皆押"平水韵"下平声"十四盐"韵。

本篇每句句末的韵脚字，"嫌""蟾""尖""纤""甜""帘""潜""炎"

"添""盐""镰""檐""恬""瞻""阎""髯""淹""厌""谦""占"等,在传统诗韵("平水韵")里,都归属于下平声"十四盐"这个韵部。这些字,在普通话里,韵母都是"an"(有些在"an"前有韵头"i");声调有读第一声的,有读第二声的。

需要注意的是:普通话"an"韵母的字,并不都属于"平水韵"下平声"十四盐"韵,也有可能属于上平声"十三元"韵、"十四寒"韵、"十五删"韵,或下平声"一先"韵、"十三覃"韵、"十五咸"韵。尤需注意的是:下平声"十四盐"韵的字,和下平声"十三覃"韵、"十五咸"韵是邻韵,填词时可以通押,写近体诗时不可通押。但和上平声"十三元"韵(一部分)、"十四寒"韵、"十五删"韵及下平声"一先"韵不是邻韵,不仅写近体诗时不可通押,填词时亦不可以通押。这是因为,"十三覃"韵、"十四盐"韵、"十五咸"韵,属于闭口韵,即它的韵母实际上是收[m]尾,而非[n]尾。在中古音系统里,它们的韵尾不同。

本篇第一段三字对"风习习,月纤纤"这句后三字,清后期通行本《声律启蒙撮要》作"雨绵绵",但"绵"字在下平声"一先"韵,不在"十四盐"韵,故改"绵绵"为"纤纤"。然"纤纤"不可以形容雨,故改"雨绵绵"为"月纤纤"。

# (一)

悲对乐,爱对嫌。

玉兔对银蟾①。

醉侯对诗史②,眼底对眉尖。

风习习③,月纤纤④。

李苦对瓜甜⑤。

画堂施锦帐⑥,酒市舞青帘⑦。

横槊赋诗传孟德⑧,引壶酌酒尚陶潜⑨。

　　两曜迭明⑩，日东生而月西出；五行式序⑪，水下润而火上炎⑫。

【注释】

①玉兔、银蟾（chán）：都指月亮。详见前注。

②醉侯：对好酒善饮者的美称。一般指刘伶。古诗文习用语。唐皮日休《夏景冲淡偶然作》其二："他年谒帝言何事，请赠刘伶为醉侯。"宋陆游《江楼醉中作》："生希李广名飞将，死慕刘伶赠醉侯。"《宋史·隐逸传上·种放》："性嗜酒，尝种秫自酿，每日'空山清寂，聊以养和'，因号云溪醉侯。"诗史：指能反映某一时期重大社会事件有历史意义的诗歌。亦指能写这种诗的人，特指杜甫。唐孟棨《本事诗·高逸》："杜逢禄山之难，流离陇蜀，毕陈于诗，推见至隐，殆无遗事，故当时号为诗史。"

③习习：微风和煦貌。出自《诗经·邶风·谷风》："习习谷风，以阴以雨。"毛传："习习，和舒貌。"后遂为古诗文习用语。唐吴筠《游仙》诗之十六："灵风生太漠，习习吹人襟。"

④纤纤（xiān）：形容月钩尖细貌。南朝宋鲍照《玩月城西门廨中》："始见西南楼，纤纤如玉钩。""月纤纤"是古诗文习用语。唐卢照邻《长安古意》："片片行云着蝉鬓，纤纤初月上鸦黄。"唐许浑《陪郑史君泛舟晚归》："羊公莫先醉，清晓月纤纤。"此处，清后期通行本《声律启蒙撮要》作"雨绵绵"，"绵"字在"一先"韵，不在"十四盐"韵，故改"绵绵"为"纤纤"。然"纤纤"不可以形容雨，故改"雨绵绵"为"月纤纤"。又，明涂时相本，此处作"风淅沥，雨廉纤"。

⑤李苦：见前注。

⑥画堂：古代宫中有彩绘的殿堂。泛指华丽的堂舍。锦帐：锦制的帷帐。亦泛指华美的帷帐。

⑦酒市：古代城中卖酒的市场。亦指酒家、酒店。青帘：旧时酒店

门口挂的幌子。多用青布制成。古诗文习用语。唐郑谷《旅寓洛南村舍》:"白鸟窥鱼网,青帘认酒家。"

⑧横槊(shuò)赋诗:指军旅征途中,在马上横着长矛吟诗。多形容能文能武的豪迈潇洒风度。槊,长矛。横槊、赋诗,一武一文,本为二事,为建安时期曹氏父子之特色。唐元稹《唐故工部员外郎杜君墓系铭》:"建安之后,天下文士遭罹兵战,曹氏父子鞍马间为文,往往横槊赋诗,故其抑扬怨哀悲离之作,尤极与古。"宋苏轼《前赤壁赋》则有将曹操横槊赋诗坐实为赤壁之战前实事之嫌,后经《三国演义》等通俗文学渲染传播,广为人知。孟德:即曹操(155—220),字孟德,一名吉利,小名阿瞒,沛国谯(今安徽亳州)人。曹嵩子。少有权术。年二十举孝廉为郎,迁顿丘令。拜骑都尉,参与镇压黄巾军,迁济南相。献帝初平三年(192),任兖州牧,分化诱降黄巾军,编其精锐为青州兵。建安元年(196),迎献帝都许,用献帝名义发号施令。先后破吕布、袁术、袁绍,逐渐统一北方。建安十三年(208)进位丞相,率军南下,在赤壁为孙权、刘备联军所败。建安十八年(213),封魏公;建安二十一年(216),封魏王。建安二十五年(220)卒,谥曰武王。同年,其子曹丕代汉,追尊其为武皇帝,庙号太祖。曹操是汉末杰出的政治家、军事家、文学家。用人唯才,抑制豪强,加强集权,兴修水利,以利于社会经济之恢复与发展。精通兵法,著《孙子略解》《兵书接要》等。曹操善诗文,其作品多抒发政治抱负,反映东汉末人民苦难,辞气慷慨。

⑨引壶酌(zhuó)酒尚陶潜:本句语本晋陶潜《归去来兮辞》:"引壶觞以自酌。"引,取过来。酌,倒酒。

⑩两曜(yào):指日、月。日、月、星均称"曜",日、月、火、水、木、金、土七星合称"七曜"。迭:交替的,轮流的。

⑪五行(xíng):指金、木、水、火、土。式序:按次第序录功劳。出自

《诗经·周颂·时迈》："明昭有周，式序在位。"汉郑玄笺："用次第处位。"

⑫水下润而火上炎：语本《尚书·洪范》："水曰润下，火曰炎上。"（伪）孔传："言其自然之常性。"孔疏："《周易·乾·文言》云：'水流湿，火就燥。'王肃曰：'水之性润万物而退下，火之性炎盛而升上。'是'润下''炎上'，言其自然之本性……水既纯阴，故润下趣阴。火是纯阳，故炎上趣阳。"谓水性就下以滋润万物，火性炎热向上燃烧。

**【译文】**

悲哀对快乐，喜欢对厌恶。

月宫中的白兔对月亮里的蟾蜍。

被称为"醉侯"的刘伶对被称为"诗史"的杜甫，眼角对眉梢。

微风习习，新月纤纤。

李子苦对西瓜甜。

华丽的堂屋里高高挂着锦缎帐子，卖酒的集市在风中舞动着青色的旗子。

曹操在赤壁横槊赋诗的事广为流传，陶渊明拿着酒壶自斟自饮的生活让人艳羡。

太阳和月亮轮流照耀世界，太阳从东边升起月亮打西边出来；五行按次第序录功劳，水向下流滋润万物火往上烧带来温暖。

# （二）

如对似，减对添。

绣幕对朱帘。

探珠对献玉①，鹭立对鱼潜。

玉屑饭②，水晶盐③。

手剑对腰镰<sup>④</sup>。

燕巢依邃阁<sup>⑤</sup>，蛛网挂虚檐<sup>⑥</sup>。

夺槊至三唐敬德<sup>⑦</sup>，弈棋第一晋王恬<sup>⑧</sup>。

南浦客归<sup>⑨</sup>，湛湛春波千顷净<sup>⑩</sup>；西楼人悄，弯弯夜月一钩纤。

**【注释】**

①探珠：即"探骊得珠"。详见前注。献玉：春秋时楚人卞和献玉事。详见前注。

②玉屑（xiè）饭：传说中以玉屑做的饭，食之可无疾。见《酉阳杂俎·天咫》："大和中，郑仁本表弟，不记姓名，尝与一王秀才游嵩山，扪萝越涧，境极幽复，遂迷归路。将暮，不知所之。徙倚间，忽觉丛中鼾声，披榛窥之，见一人布衣甚洁白，枕一襆物，方眠熟。即呼之曰：'某偶入此径，迷路，君知向官道无？'其人举首略视，不应，复寝。又再三呼之，乃起坐，顾曰：'来此！'二人因就之，且问其所自。其人笑曰："君知月七宝合成乎？月势如丸，日烁其凸处也。常有八万二千户修之，予即一数。"因开襆，有斤凿数事，玉屑饭两裹，授与二人，曰：'分食此，虽不足长生，无疾耳。'乃起，与二人指一歧径：'但由此，自合官道矣。'言已不见。"

③水晶盐：一种晶莹明澈如水晶的盐。亦作"水精盐"。唐李白《题东溪公幽居》："客到但知留一醉，盘中只有水精盐。"水精盐乃名贵之物。南朝梁萧绎（梁元帝）《金楼子·志怪》："白盐山，山峰洞澈，有如水精。及其映月（一本作日），光似琥珀。胡人和之，以供国厨，名为君王盐，亦名玉华盐。"《魏书·崔浩传》："二年，司马德宗齐郡太守王懿来降，上书陈计，称刘裕在洛，劝国家以军绝其后路，则裕军可不战而克。书奏，太宗善之。会浩在前进

讲书传……太宗大悦,语至中夜,赐浩御缥醪酒十觚,水精戎盐一两。曰:'朕味卿言,若此盐酒,故与卿同其旨也。'"《北史》《资治通鉴》亦载此事。

④手剑:手里拿着宝剑,持剑。《公羊传·庄公十二年》:"仇牧闻君弑,趋而至,遇之于门,手剑而叱之。"汉何休注:"手剑,持技剑叱骂之。"腰镰:腰上别着镰刀。古诗文习用语。南朝宋鲍照《代东武吟》:"腰镰刈葵藿,倚杖牧鸡豚。"

⑤邃(suì)阁:深幽的楼阁。见前注。

⑥虚檐:凌空的房檐。古诗文习用语。南朝齐王融《三月三日曲水诗序》:"飞观神行,虚檐云构。"

⑦夺槊(shuò)至三唐敬德:本句典出《旧唐书·尉迟敬德传》:"敬德善解避槊,每单骑入贼阵,贼槊攒刺,终不能伤,又能夺取贼槊,还以刺之。是日,出入重围,往返无碍。齐王元吉亦善马槊,闻而轻之,欲亲自试,命去槊刃,以竿相刺。敬德曰:'纵使加刃,终不能伤。请勿除之,敬德槊谨当却刃。'元吉竟不能中。太宗问曰:'夺槊、避槊,何者难易?'对曰:'夺槊难。'乃命敬德夺元吉槊。元吉执槊跃马,志在刺之,敬德俄顷三夺其槊。元吉素骁勇,虽相叹异,甚以为耻。"唐朝大将尉迟敬德,擅长使槊(长矛),与齐王李元吉比武时,曾经三次夺下齐王手中的槊。敬德,即尉迟恭(585—658),字敬德,朔州善阳(今山西神池)人。隋末从刘武周为将,后归唐,屡立战功。高祖武德初,授秦王府左二副护军。武德九年(626)玄武门之变,助李世民夺取帝位。累官泾州道行军总管、襄州都督,封鄂国公。晚年笃信方术,杜门不出。卒谥忠武。

⑧弈(yì)棋第一晋王恬(tián):本句典出《晋书·王恬传》:"(王恬)多技艺,善弈棋,为中兴第一。"王恬,琅邪临沂(今山东临沂)人,丞相王导次子。初字仲豫,因与父旧好裴康同字,改为敬豫。

少疾学好武,不为导所重。袭爵即丘子。性傲诞,不拘礼法。晚乃好士。多才艺,善隶书,号称东晋第一围棋好手。历官中书郎、后将军,转吴国、会稽内史,加散骑常侍。卒,赠中军将军,谥曰宪。

⑨南浦(pǔ):南面的水边。《楚辞·九歌·河伯》:"子交手兮东行,送美人兮南浦。"后遂为古诗文习用语,指称送别之地。南朝梁江淹《别赋》:"春草碧色,春水渌波。送君南浦,伤如之何。"

⑩湛湛(zhàn):形容水深而清澈的样子。

**【译文】**

好像对似乎,减少对增加。

锦绣织成的帷幕对朱红色的帘子。

探骊得珠喻考试得中对进献宝玉喻报效国家,鹭鸶立在岸上对鱼儿潜在水中。

玉石粉末做成的饭,水晶一样纯净的盐。

手持宝剑对腰挂镰刀。

燕子的巢建在深邃的楼阁上,蜘蛛网结在空荡荡的屋檐下。

唐朝的尉迟敬德曾经三次夺下齐王手中的长矛,晋代的王恬号称是天下第一围棋手。

游子归来时,南浦水浩浩千里清澈碧绿;夜里没有人说话,西楼外挂着一弯细细的新月。

# (三)

逢对遇,仰对瞻。

市井对闾阎①。

投簪对结绶②,握发对掀髯③。

张绣幕,卷珠帘。

石碏对江淹④。

宵征方肃肃⑤，夜饮已厌厌⑥。

心褊小人长戚戚⑦，礼多君子屡谦谦⑧。

美刺殊文⑨，备三百五篇诗咏⑩；吉凶异画⑪，变六十四卦爻占⑫。

**【注释】**

①市井：古代城邑集中买卖货物的场所，亦指街头。闾阎（lú yán）：里巷内外的门。后多借指里巷。泛指民间。闾为里巷大门，阎为里巷中门。

②投簪（zān）：丢下固冠用的簪子。比喻弃官。古诗文习用语。晋陆机《应嘉赋》："苟形骸之可忘，岂投簪其必谷。"结绶（shòu）：佩系印绶。谓出仕为官。古诗文习用语。《汉书·萧育传》："（萧育）少与陈咸、朱博为友，著闻当世。往者有王阳、贡公。故长安语曰'萧、朱结绶，王、贡弹冠'，言其相荐达也。"

③握发：语本《韩诗外传》："成王封伯禽于鲁，周公诫之曰：'往矣！子其无以鲁国骄士。吾文王之子，武王之弟，成王之叔父也，又相天下，吾于天下亦不轻矣，然一沐三握发，一饭三吐哺，犹恐失天下之士。'"《史记·鲁周公世家》亦记此事。后因以"握发吐哺"比喻为国家礼贤下士，殷切求才。掀髯（rán）：笑时启口张须，形容激动的样子。古诗文习用语。宋苏轼《次韵刘景文兄见寄》："细看落墨皆松瘦，想见掀髯正鹤孤。"髯，两腮的胡子，亦泛指胡子。

④石碏（què）：春秋时卫国大夫，以大义灭亲闻名。卫庄公庶子州吁有宠好武，石碏进谏，庄公不听。卫桓公十六年（前719），州吁与碏子石厚谋杀桓公而自立为君。厚向碏问安定君位之法，碏因诱州吁及厚往陈，陈执二人，卫使右宰丑杀州吁，碏使其家宰獳羊肩杀厚。时人称碏大义灭亲。事见《左传·隐公四年》。江淹（444—505）：字文通，宋州济阳考城（今河南商丘民权）人。南

朝著名文学家,历仕宋、齐、梁三朝。起家宋南徐州从事。曾因罪入狱,上书力辩得释。萧道成(齐高帝)辅政,闻其才,召为尚书驾部郎。入齐,官御史中丞。弹劾不避权贵。历任秘书监、侍中、卫尉卿。后附萧衍(梁武帝)。入梁,封醴陵侯,官金紫光禄大夫。梁武帝天监四年(505)卒,谥宪伯。江淹少以文章显,作诗善拟古,晚节才思微退,相传梦一丈夫向之索还五色笔,时称"江郎才尽"。传世名篇有《恨赋》《别赋》,今存《江文通集》辑本。另撰《齐史》十志,已佚。

⑤宵(xiāo)征:夜行。肃肃:走路很快的样子。《诗经·召南·小星》:"肃肃宵征,夙夜在公。"毛传:"肃肃,疾貌。"

⑥厌厌(yān):形容饮酒安乐的样子。《诗经·小雅·湛露》:"厌厌夜饮,不醉无归。"毛传:"厌厌,安也。夜饮,私燕也。"

⑦褊(biǎn):气量狭小。戚戚:忧愁悲伤的样子。《论语·述而》:"子曰:'君子坦荡荡,小人长戚戚。'"

⑧屡(lǚ):多,总是。谦谦:形容君子温和谦逊的样子。《周易·谦》:"谦谦君子,卑以自牧也。"

⑨美刺:称美与讽恶。多用于诗文。南朝宋谢灵运《山居赋》:"篇章以陈美刺,论难以核有无。"《毛诗·召南·甘棠序》:"美召伯也。"唐孔颖达疏:"至于变诗美刺,各于其时,故善者言美,恶者言刺。"

⑩三百五篇:指《诗经》。《诗经》一共收录三百零五篇诗。

⑪吉凶:指好运和坏运。画:指《周易》卦象的阴爻和阳爻。

⑫六十四卦(guà):指《周易》。《周易》共六十四卦。爻(yáo):《周易》组成卦象的横画符号,有阴阳之分。占:占卜。

**【译文】**

相逢对遇见,仰视对前看。

市井对民间。

取下发簪辞官对系结印带出仕,握发礼贤对掀须而笑。

挂起锦绣的帷幕,卷起精美的帘子。

大义灭亲的石碏对黯然魂销的江淹。

夜里赶路走得很快,晚上喝酒喝得饱足。

心胸狭窄的小人常常忧虑,礼数周全的君子总是谦恭。

赞美和讽刺各不相同的内容,构成了《诗经》的三百零五首诗;吉利和凶险不同的表现,演变出《周易》六十四种占卜的卦象。

# 下平十五咸

## 【题解】

本篇共三段,皆为韵文。每段韵文,由若干句对仗的联语组成。每句皆押“平水韵”下平声“十五咸”韵。

本篇每句句末的韵脚字,“咸”“缄”“帆”“喃”“杉”“衫”“监”“贤”“碱”“函”“衔”“谗”“嵒”“镵”等,在传统诗韵(“平水韵”)里,都归属于下平声“十五咸”这个韵部。这些字,在普通话里,韵母都是“an”(有些在“an”前有韵头“i”);声调有读第一声的,有读第二声的。

需要注意的是:普通话“an”韵母的字,并不都属于“平水韵”下平声“十五咸”韵,也有可能属于上平声“十三元”韵、“十四寒”韵、“十五删”韵,或下平声“一先”韵、“十三覃”韵、“十四盐”韵。尤需注意的是:下平声“十五咸”韵的字,和下平声“十三覃”韵、“十四盐”韵是邻韵,填词时可以通押,写近体诗时不可通押。但和上平声“十三元”韵(一部分)、“十四寒”韵、“十五删”韵及下平声“一先”韵不是邻韵,不仅写近体诗时不可通押,填词时亦不可以通押。这是因为,“十三覃”韵、“十四盐”韵、“十五咸”韵,属于闭口韵,即它的韵母实际上是收[m]尾,而非[n]尾。在中古音系统里,它们的韵尾不同。

本篇第二段“翠巘对苍岩”句,清后期通行本《声律启蒙撮要》作“苍崖”,但“崖”字在“平水韵”只有二音,一在上平“四支”韵,一在上平“九佳"韵,不在下平"十五咸"韵,故改"苍崖"为"苍岩",以叶韵。

# （一）

清对浊,苦对咸。

一启对三缄①。

烟蓑对雨笠,月榜对风帆②。

莺睍睆③,燕呢喃④。

柳杞对松杉⑤。

情深悲素扇⑥,泪痛湿青衫⑦。

汉室既能分四姓⑧,周朝何用叛三监⑨。

破的而探牛心,豪矜王济⑩;竖竿以挂犊鼻,贫笑阮咸⑪。

**【注释】**

①启:开启,打开封口。三缄(jiān):"三缄其口"的略语。形容说话极其谨慎、不轻易开口。汉刘向《说苑·敬慎》:"孔子之周,观于太庙,右陛之侧,有金人焉,三缄其口而铭其背曰:'古之慎言人也。'"后因指言语谨慎,少说或不说话。缄,封。

②月榜(bàng):指月色里行驶的船。榜,船桨,亦指船。《广雅》"榜,船也。""月榜"作为成词,古诗文实际用例很罕见。但月色里行驶的小船这一意象,古诗文很常见。宋李彭《归舟》:"夜榜时惊乌鹊喧,星光破碎月映门。"宋沈辽《湖亭怀子美》:"忆昔榜舟乘夜月,行觞数与君相酢。"风帆:指张帆乘风而行的船。古诗文习用语。唐韩愈《岳阳楼别窦司直》:"严程迫风帆,劈箭入高浪。"

③睍睆(xiàn huǎn):美好的样子,形容鸟声清和圆转貌。《诗经·邶风·凯风》:"睍睆黄鸟,载好其音。"毛传:"睍睆,好貌。"宋朱子

集传:"睍睆,清和圆转之意。"

④呢喃(ní nán):燕子的叫声。古诗文习用语。宋刘季孙《题饶州
酒务厅屏》:"呢喃燕子语梁间,底事来惊梦里闲。"

⑤柳杞(qǐ):当指柳树和杞树。"杞柳"作为词语,出自《孟子·告子
上》:"性犹杞柳也,义犹杯棬也;以人性为仁义,犹杞柳为杯棬。"
乃一种落叶乔木,枝条细长柔韧,可编织箱筐等器物。也称"红
皮柳"。宋黄庭坚《乙未移舟出》:"安能诡随人,曲折作杞柳。"但
此处,"柳杞"与"松杉"对偶,当指柳树和杞树。

⑥情深悲素扇:此用汉班婕妤《怨歌行》典。《文选·乐府上·怨歌
行》载班婕妤诗:"新裂齐纨素,鲜洁如霜雪。裁为合欢扇,团团
似明月。出入君怀袖,动摇微风发。常恐秋节至,凉风夺炎热。
弃捐箧笥中,恩情中道绝。"《玉台新咏》亦载此诗,题为《怨诗》,
此前有序曰:"昔汉成帝班婕妤失宠,供养于长信宫。乃作赋自
伤,并为怨诗一首。"洁白的团扇,一到秋风凉爽时,就被人抛弃
在一旁。常用以比弃妇。

⑦泪痛湿青衫:此句用唐白居易《琵琶行》典。白居易《琵琶行》末
句为"就(一作"座")中泣下谁最多?江州司马青衫湿。"后因用
以形容悲伤凄切。

⑧四姓:一指东汉明帝时外戚樊、郭、阴、马四姓。《后汉书·明帝
纪》:"为四姓小侯开立学校,置五经师。"唐李贤注:"为外戚樊
氏、郭氏、阴氏、马氏诸子弟立学,号'四姓小侯',置五经师。以
非列侯,故曰小侯。"汉以后诸朝,多有以四个名门贵族的姓氏合
称为四姓的,不一而足。二指以郡望或官位分为甲、乙、丙、丁四
等,谓之"四姓"。南北朝时有此传统。《梁书·张绾传》:"绾在
郡,述《制旨礼记正言》义,四姓衣冠士子听者常数百人。"《新
唐书·儒学传中·柳冲》:"郡姓者,以中国士人差第阀阅为之
制……尚书、领、护而上者为'甲姓',九卿若方伯者为'乙姓',散

骑常侍、太中大夫者为'丙姓'，吏部正员郎为'丁姓'。凡得入者，谓之'四姓'。"或谓此一传统起于汉时。此处，既云"分四姓"，似当指以郡望或官位分为甲、乙、丙、丁四等。

⑨何用：何以，因何。三监：周武王灭商后，以商旧都封给纣子武庚，并以殷都以东为卫，由武王弟管叔监之；殷都以西为鄘，由武王弟蔡叔监之；殷都以北为邶，由武王弟霍叔监之；总称"三监"。见汉郑玄《诗·邶鄘卫谱》。后三监反而帮助殷人叛周。一说指武庚、管叔、蔡叔。见《汉书·地理志下》、清王引之《经义述闻·三监》。汉代儒家依托周初三监的事，把三监作为周朝的通制。《礼记·王制》："天子使其大夫为三监，监于方伯之国，国三人。"

⑩"破的（dì）而探牛心"二句：典出《世说新语·汰侈》："王君夫有牛，名'八百里驳'，常莹其蹄角。王武子语君夫：'我射不如卿，今指赌卿牛，以千万对之。'君夫既恃手快，且谓骏物无有杀理，便相然可。令武子先射。武子一起便破的，却据胡床，叱左右：'速探牛心来！'须臾，炙至，一脔便去。"《晋书·王济传》亦载此事，文字小有异同。晋人王济，生活奢侈，曾经出千万钱，与王恺赌射箭输赢，要求王恺以"八百里驳"牛为筹码。王济先射一箭，正中靶心，于是立即命人将牛心割下炙烤，只尝了一口就走了。破的，指射箭正中靶心。矜（jīn），骄傲，夸耀。王济，字武子，太原晋阳（今山西太原）人。曹魏司空王昶之孙，司徒王浑次子，晋文帝司马昭之婿。少有逸才，风姿英爽，好弓马，勇力绝人。弱冠拜中书郎，迁侍中。善《易》《老》《庄》，长于清言，修饰辞令。武帝亲贵之。以屡请武帝勿使齐王攸（武帝弟）归藩，忤旨，左迁国子祭酒。数年，入为侍中。后被斥，外移北芒山下。性豪侈，丽服玉食，尝以人乳蒸肫。善解马性，有马癖。后以白衣领太仆。年四十六卒，朝廷追赠骠骑将军。

⑪"竖竿以挂犊（dú）鼻"二句：典出《世说新语·任诞》："阮仲容、

步兵居道南,诸阮居道北。北阮皆富,南阮贫。七月七日,北阮盛晒衣,皆纱罗锦绮。仲容以竿挂大布犊鼻裈于中庭。人或怪之,答曰:'未能免俗,聊复尔耳!'"南朝宋裴松之注引《竹林七贤论》曰:"诸阮前世皆儒学,善居室,唯咸一家尚道弃事,好酒而贫。旧俗:七月七日,法当晒衣,诸阮庭中,烂然锦绮。咸时总角,乃竖长竿,挂犊鼻裈也。"《晋书·阮咸传》亦载此事,文字小有异同。七月七日盛行晒衣,别人都把纱罗锦绮等华丽衣服拿出来晒,阮咸却用竹竿挂大布犊鼻短裤晾在庭院中,并且说是"不能免俗"。犊鼻,即犊鼻裤、短裤。阮(ruǎn)咸,字仲容,陈留尉氏(今河南尉氏)人。魏晋之际名士,曾官散骑侍郎,因与中书监荀勖论音律意见相左,遭其排挤,出为始平太守。精通音律,善弹琵琶。弦歌酣饮,不拘礼法。与叔父阮籍并称"大小阮",且同时列名"竹林七贤"。

【译文】

清澈对浑浊,苦对咸。

一次打开对三次封口。

下雨时披的蓑衣对雨雾中戴的斗笠,月色里行驶的舟对张帆乘风而行的船。

黄莺的叫声很好听,燕子的鸣叫像在细语。

柳树和杞树对松树与杉树。

情深之人深切地为白团扇秋天就被搁置的命运感到悲哀,伤心时流下的泪水打湿了青色的衣衫。

汉朝廷既然能将士族分为甲乙丙丁四等,周王室因何使负责监国的三位王叔叛变?

王济夸耀富贵,赌箭时射中靶心之后就把牛心挖了出来;阮咸自嘲贫穷,晒衣日竖起竿子把粗布短裤挂出来。

# （二）

能对否，圣对贤。

卫瓘对浑瑊①。

雀罗对鱼网②，翠巘对苍岩③。

红罗帐，白布衫。

笔格对书函④。

蕊香蜂竞采，泥软燕争衔。

凶孽誓清闻祖逖⑤，王家能乂有巫咸⑥。

溪叟新居，渔舍清幽临水岸；山僧久隐，梵宫寂寞倚云岩⑦。

## 【注释】

①卫瓘（guàn，220—291）：字伯玉，河东安邑（今山西夏县）人。三国魏末任尚书郎。转廷尉卿，监邓艾、锺会军伐蜀。蜀灭，锺会据蜀反，瓘以计平之，并追杀邓艾。入晋，累官司空。武帝命瓘子宣尚繁昌公主。瓘性严整，以法御下，为政清简，有声誉。为杨骏所谮，逊位。惠帝立，与汝南王司马亮共辅政，为贾后所杀。与尚书郎索靖俱善草书，时号"一台二妙"。追封兰陵郡公，谥成。浑瑊（jiān，736—800）：本名日进，皋兰州（今宁夏青铜峡）人。先世属铁勒族浑部，朔方节度留后浑释之子。年十一，随父入朔方军。安禄山反，从李光弼定河北。又从郭子仪复两京，讨安庆绪。后又数破吐蕃军，以功拜左金吾卫大将军。德宗建中四年（783），朱泚叛乱，瑊护德宗坚守奉天。次年，与李晟等收复京师，平朱泚；又与马燧平李怀光。官检校尚书左仆射，同平章事，加侍中，封咸宁郡王，终邠、宁、庆副元帅、检校司徒、兼中书

令。卒谥忠武。

②雀罗：捕雀的网罗。罗，捕鸟网。

③翠巘（yǎn）：青翠的山峰。古诗文习用语。唐杜牧《朱坡》：“日痕

　　缃翠巘，陂影堕晴霓。”苍岩：青黑色的山岩。古诗文习用语。宋

　　王之望《题广利院》：“翠岭苍岩带落霞，水云平野一川斜。”清后

　　期通行本《声律启蒙撮要》作“苍崖”，但“崖”字在“平水韵”只

　　有二音，一在上平“四支”韵，一在上平“九佳”韵，不在下平“十

　　五咸”韵，故改“苍崖”为“苍岩”，以期叶韵。

④笔格：笔架。南朝梁吴均《笔格赋》：“幽山之桂树……翦其片条，

　　为此笔格。”书函：文书的封套。亦指书信。

⑤凶孽（niè）誓清闻祖逖（tì）：此句典出《晋书·祖逖传》：“帝乃以

　　逖为奋威将军、豫州刺史，给千人禀，布三千匹，不给铠仗，使自

　　招募。仍将本流徙部曲百余家渡江，中流击楫而誓曰：‘祖逖不

　　能清中原而复济者，有如大江！’辞色壮烈，众皆慨叹。屯于江

　　阴，起冶铸兵器，得二千余人而后进。”凶孽，凶徒，指敌人。祖

　　逖（266—321），字士稚，范阳遒县（今河北保定涞水）人。与刘

　　琨同为司州主簿，中夜闻鸡起舞，并有英气。西晋末京师大乱，

　　率亲党数百家南徙。晋元帝时拜豫州刺史，力求北伐。建兴元

　　年（313），率部渡江，中流击楫，誓复中原。进屯雍丘，黄河以南

　　尽为晋土。因晋室纷争，国事日非，既伤朝廷命戴渊出镇合肥牵

　　制自己，又虑王敦与刘隗等构隙即将内乱，忧愤而死，追赠车骑

　　将军。《晋书》有传。

⑥王家能乂（yì）有巫咸：此句典出《尚书·君奭》：“巫咸乂王家。”

　　乂，治理。巫咸，殷中宗时贤臣，大巫师。《楚辞·离骚》：“巫咸将

　　夕降兮，怀椒糈而要之。”汉王逸注：“巫咸，古神巫也，当殷中宗之

　　世。”《史记·殷本纪》：“巫咸治王家有成，作《咸艾》，作《太戊》。”

⑦梵（fàn）宫：原指梵天的宫殿，后多指佛寺。唐朱庆余《夏日访贞

上人院》："流水离经阁,闲云入梵宫。"

**【译文】**

可以对不行,圣明对贤德。

卫瓘对浑瑊。

捕雀鸟的网对打鱼的网,翠绿的高山对青色的山岩。

红色罗缎制成的帐子,白色棉布制成的衣服。

放笔的架格对装书的匣子。

花朵很香,蜜蜂竞相前来采蜜;春泥很柔软,燕子争先衔回去筑巢。

祖逖曾经发誓,要消灭分裂国家的割据势力;商王室能够治理朝政,是因为有巫咸这样的贤臣。

清新幽静的渔舍临近水边,那是渔翁的新房子;冷清寂寞的佛寺靠着高山,那是山僧长期以来隐居的地方。

# （三）

冠对带,帽对衫。

议鲠对言谗①。

行舟对御马②,俗弊对民嵒③。

鼠且硕④,兔多毚⑤。

史册对书缄⑥。

塞城闻奏角⑦,江浦认归帆⑧。

河水一源形弥弥⑨,泰山万仞势岩岩⑩。

郑为武公,赋缁衣而美德⑪;周因巷伯,歌贝锦以伤谗⑫。

**【注释】**

①议鲠（gěng）：议论正直,不从众。鲠,刚直。

②御马：驾驭马匹。汉荀悦《申鉴·政体》："自近御远,犹夫御马

焉,和于手而调于衔,则可以使马。"亦指乘马、骑马。《北史·魏纪三·孝文帝》:"帝戎服执鞭,御马而出。"御,驾驭。

③民喦(yán):指民心不齐。《尚书·召诰》:"王不敢后,用顾畏于民喦。"唐孔颖达疏:"喦,即岩也,参差不齐之意,故为僭也。"一说谓民情险恶。宋末元初陈澔集说:"喦,险也。"

④鼠且硕(shuò):语本《诗经·魏风·硕鼠》:"硕鼠硕鼠,无食我黍,三岁贯女,莫我肯顾。"硕,大。

⑤兔多毚(chán):语本《诗经·小雅·巧言》:"跃跃毚兔,遇犬获之。"毛传:"毚兔,狡兔也。"唐孔颖达疏:"《仓颉解诂》:'毚,大兔也。'大兔必狡猾,又谓之狡兔。"毚,毚兔,指大而狡猾的兔子。

⑥书缄(jiān):书信。

⑦塞(sài)城:边塞的城楼。古诗文习用语。唐韦应物《送宣州周录事》:"英豪若云集,饯别塞城闉。"闻奏角:古诗文习用语。明江源《次洪宪副宣之夜坐联句韵四首》其四:"五夜秦城闻奏角,十年燕市梦寻梅。"

⑧江浦:江滨。亦泛指江河。认归帆:古诗文习用语。宋连文凤《送韩仲文归京口》其二:"夕阳何处认归帆,野树苍烟隔飞鸟。"

⑨弥弥(mí):形容水深而且满的样子。语本《诗经·邶风·新台》:"河水弥弥。"毛传:"弥弥,盛貌。"

⑩仞(rèn):古代长度单位。或以七尺、八尺为一仞。岩岩:形容山势高耸的样子。语本《诗经·鲁颂·閟宫》:"泰山岩岩,鲁邦所詹。"

⑪缁(zī)衣:古代用黑色帛做的朝服。《诗经·郑风》有《缁衣》篇,相传是周人为了赞颂郑武公而做的。《毛诗序》:"《缁衣》,美武公也。父子并为周司徒,善于其职,国人宜之,故美其德,以明有国善善之功焉。"

⑫"周因巷伯"二句:语出《诗经·小雅·巷伯》:"萋兮斐兮,成是贝

锦。彼僭人者,亦已大甚。"比喻奸人收集自己的过错罗织成罪,就好像女工收集彩色的丝织成锦缎一样。巷伯,是宦官的通称,这里指寺人孟子。他因为遭谗言诬害而受刑,于是就作诗来抒发自己的愤恨之情,诗用"贝锦"起兴,所以称"贝锦之诗"。贝锦,织成贝形花纹的锦缎。后人用以比喻故意编造谗言,陷害别人。

**【译文】**

帽子对衣带,帽子对衣服。

议论耿直和言语奉承相对。

行驶小船对驾驭马车,风俗多弊对民心不齐。

老鼠很肥,兔子很大。

史册对书信。

边塞可以听见吹奏画角的声响,江边能够看见归家的帆船驶来。

一个源头的黄河水浩浩荡荡,万仞高的泰山气势巍峨。

郑国人为郑武公写了《缁衣》诗,以歌颂他的高尚品德;周朝人因为巷伯的缘故,唱"贝锦"来抒发受到谗言污蔑的伤感。